Michael Overdick (Hrsg.)

Ringelschwanz und Totentanz

Schriften der Graphiksammlung „Mensch und Tod“
der Heinrich-Heine-Universität Düsseldorf
Herausgegeben von Stefanie Knöll
Band 5

Ringelschwanz und Totentanz
Der Mops in der Druckgraphik

Jennifer Liß

Inga Scholl

Mirjam Verhey

Herausgegeben von Michael Overdick

d|u|p düsseldorf university press

2014

Gedruckt mit Unterstützung
des Kreises der Freunde des Instituts für Kunstgeschichte
der Heinrich-Heine-Universität Düsseldorf e. V.

**Bibliografische Information der
Deutschen Nationalbibliothek**

Die Deutsche Nationalbibliothek verzeichnet diese Publikation in der Deutschen Nationalbibliografie; detaillierte bibliografische Daten sind im Internet über http://dnb.d-nb.de abrufbar.

Michael Overdick (Hrsg.)
Ringelschwanz und Totentanz.

(Schriften der Graphiksammlung „Mensch und Tod" der Heinrich-Heine-Universität Düsseldorf; Bd. 5)
düsseldorf university press ISBN: 978-3-943460-66-7

1. Auflage 2014

Printed in Germany

Redaktion: Michael Overdick
Bildredaktion: Stefanie Knöll, Inga Scholl
Lektorat: Jennifer Liß, Michael Overdick, Inga Scholl, Mirjam Verhey
Fundraising und Marketing: Mirjam Verhey
Layout und Umschlaggestaltung: Jennifer Liß
Druck: Druckerei Frick, Krumbach

Inhalt

Vorwort

Zu den praxisbezogenen Bestandteilen des Master-Studiums am Institut für Kunstgeschichte der Heinrich-Heine-Universität Düsseldorf gehört das sogenannte Teamprojekt. Hierbei handelt es sich um eine Forschungsaufgabe, die die Studierenden in einer Kleingruppe selbstständig entwickeln und durchführen. Abschließend werden die Ergebnisse in schriftlicher oder mündlicher Form präsentiert.

Auch dieses Buch ist das Resultat eines solchen Teamprojektes. Jennifer Liß, Inga Scholl und Mirjam Verhey haben mit großem Einsatz und offenkundiger Begeisterung einen ganz besonderen Vierbeiner in den Blick genommen: den Mops. Ausschlaggebend für die Themenwahl waren die wunderbaren Exlibris, die der Apotheker und Mopsliebhaber Wolfgang Wissing als großzügige Schenkung der Graphiksammlung *Mensch und Tod* am Institut für Geschichte der Medizin übereignet hat. Stefanie Knöll als Kustodin der Graphiksammlung war gerne bereit, das Buch in die von ihr herausgegebene Schriftenreihe aufzunehmen. Darüber hinaus stand sie der Realisierung des Projektes auf vielfältige Weise mit Rat und Tat zur Seite.

Ein besonderer Dank gebührt Wolfgang Wissing. Der Graphiksammlung *Mensch und Tod* ist Wolfgang Wissing seit vielen Jahren eng verbunden. Umso mehr freuen wir uns, dass er für dieses Buch in einem Interview einen überaus interessanten Einblick in seine eigene Sammel- und Mopsleidenschaft gewährt.

Dr. Michael Overdick
Düsseldorf, im März 2014

MOPS

sammeln

Vom Sammeln, Tauschen und den Möpsen
Die Sammlung Wolfgang Wissing – Ein Interview

Das Interview führte Mirjam Verhey

Der Apotheker Wolfgang Wissing (*1947) sammelt seit 2003 Druckgraphiken zum Themenbereich *Memento mori* und *Tod*. Der Großteil der Sammlung besteht aus Exlibris, die Wissing selbst bei jungen Künstlern aus ganz Deutschland in Auftrag gegeben hat. Die Darstellungen auf diesen Exlibris zeigen die Beziehung von Mensch und Tod in ihrer ganzen Vielfalt. Immer wieder sind persönliche Bezüge zu erkennen, so etwa in den Blättern, die den Beruf des Apothekers zum Gegenstand haben. Und nicht selten werden auch Wolfgang Wissing selbst, seine Ehefrau Evelyn (*1948) und Mopsrüde Darwin (*2008) in die Darstellungen mit einbezogen.

Wie kam es zu der „Graphiksammlung Wolfgang Wissing"? Und was interessiert Sie besonders an den Exlibris?

Zuerst sammelte ich Medaillen. Dabei war mein Schwerpunkt die Zeit des Ersten Weltkrieges, denn für mich ist diese Epoche der Beginn der Moderne in der bildenden graphischen Kunst. Aber ich habe auch Medaillen speziell für meine Sammlung anfertigen lassen. Bei einem Sommerfest auf der Burg Giebichenstein Kunsthochschule Halle bin ich durch Zufall in dem Gebäude, in dem die graphischen Künste gelehrt werden, auf die Exlibris gestoßen (zum Thema Exlibris vgl. S. 76). Ich habe mir einige Blätter angesehen und gedacht, dass auch das sehr interessant sein könnte. Nach diesem Besuch lernte ich die Frau eines Medailleurs kennen, die Graphikerin Susanne Theumer (*1975). Von ihr stammt meine erste Graphik. Das muss im Zeitraum 2003/2004 gewesen sein. Ab da begann ich die ersten Blätter

Abb. 1: Stephan Anger, *Wolfgang Wissing mit seinem Mops Darwin*, Fotografie, 2008.

zu sammeln. Fast schlagartig habe ich mit dem Medaillensammeln aufgehört und begonnen, meine Sammlung aufzulösen. Damit ging eine Umwälzung anheim, und ich kaufe seitdem graphische Blätter.

Der Vorteil an Exlibris ist, dass man sie sehr gut mit anderen Sammlern tauschen kann, da man sie ja meist in einer größeren Auflage besitzt. Mit Medaillen geht das Tauschen natürlich nicht so einfach. Seit einigen Jahren bin ich auch Mitglied in der *Deutschen Exlibrisgesellschaft (DEG)*. Dort kann man hinfahren, sich mit Gleichgesinnten treffen und auch das eine oder andere Blatt austauschen. Momentan gehöre ich da zu den ‚Jüngeren'. Vermutlich hätte ich mich aber im Alter von 50 Jahren dafür auch noch nicht interessiert. Exlibris kannte ich vor dem besagten Sommerfest auch nur aus Büchern des 19. Jahrhunderts und eben nicht zeitgenössisch.

Abb. 2: Meerschaumpfeife, Bernsteinmundstück, Wien, um 1900, Sammlung Wolfgang Wissing.

Wann zog denn der Mops in Ihre Sammlung ein?

Im Prinzip mit dem Einzug unseres Mopsrüden Darwin im Jahr 2008 (Abb. 1). Für mich war es naheliegend, dass er beziehungsweise der Mops im Allgemeinen auch in den Mittelpunkt einiger meiner Exlibris gestellt und in meine Sammlung integriert wird. Meine eigentlichen Sammlungsschwerpunkte sind – ähnlich der Düsseldorfer Graphiksammlung – der Mensch und der Tod. Was den Mops betrifft, sammle ich nicht nur Graphiken, sondern auch andere Dinge, wie zum Beispiel Möpse aus Porzellan. Eine weitere Sammelleidenschaft gehört Pfeifen und Schnupftabakdosen. Auch da besitze ich einige, auf denen der Mops aufgemalt oder sogar plastisch aufgesetzt ist (Abb. 2). In den letzten Jahren gab es auch zahlreiche wunderbare Ausstellungen mit Mopsexponaten.

Für meine Sammlung würden mich jedoch auch noch Blätter von Thomas Theodor Heine (1867–1948) und William Hogarth (1697–1764) interessieren. Heine hat ganz tolle Mopsgeschichten für die satirische Wochenzeitschrift *Simplicissimus* gemacht, die mir wirklich sehr gut gefallen. An Hogarths Stichen interessiert mich besonders, dass man bei ihm die ursprüngliche Erscheinung des Mopses noch sehen kann. Seine Möpse sind kleine Hunde mit Schlappohren und haben eben noch die ursprüngliche, etwas ausgeprägtere Schnauze. Heute bedient der Mops das Kindchenschema wunderbar, da der Mensch ihn immer ‚menschenähnlicher' gezüchtet hat. Der Trend geht momentan auch wieder in die Richtung, dass man den Hunden ihre kleine Nase wieder zurückgibt. Diese Möpse werden oft Retromöpse genannt – unser Darwin gehört im Übrigen dazu – und sehen dem Mops William Hogarths sehr ähnlich.

Zwischen Ihnen und der Graphiksammlung* Mensch und Tod *besteht seit 2008 eine enge Beziehung. Wie kam es dazu?

Das ist eine schöne Geschichte. Nach dem Studium habe ich mit dem Gedanken gespielt, in Pharmaziegeschichte bei Professor Hans Schadewaldt (1923–2009) zu promovieren. Da ich aus dem Ruhrgebiet stamme lag für mich die Heinrich-Heine-Universität am nächsten. Ich glaube, damals bestand die Sammlung schon. Jahre später wurde mir die Sammlung in einer Ausstellung in Erinnerung gerufen, und ich habe Kontakt zu Dr. Stefanie Knöll, der Kustodin der Sammlung *Mensch und Tod* aufgenommen, um ihr einige meiner Blätter anzubieten. Ein Teil meiner Sammlung passt ja auch wirklich sehr gut zu dem Sammlungsschwerpunkt der Graphiksammlung *Mensch und Tod*. Ich verschenke meine Blätter aber ehrlich gesagt auch nicht ganz uneigennützig, sondern, ich sage es mal so, wenn ich sie einem Archiv geben würde, lägen die Blätter irgendwann unter Bergen von Staub, während an einer Universität damit aktiv gearbeitet wird und sie auch ab und zu einmal ausgestellt werden. Darüber freue ich mich natürlich sehr, und es ist auch schön für mich – als Sammler.

Mit der Zeit kamen dann auch die Möpse in die Düsseldorfer Sammlung, aber natürlich nur im Kontext des Todes. Mops und Tod, das Thema liebe ich natürlich auch sehr. Und das passt des Weiteren sehr schön in die Sammlung, wenn der Mops mal dem Gerippe ans Bein pinkelt oder den Tod verjagt, dann habe ich persönlich auch sozusagen alle meine Sammelideen auf einem Blatt.

Neben Mensch und Tod und dem Mops gibt es einen weiteren Schwerpunkt in Ihren Graphiken: die apokalyptischen Reiter. Hat noch ein weiteres Thema in Ihrer Sammlung Priorität?

Nein, eigentlich nicht. Auf die apokalyptischen Reiter hat mich im Prinzip auch Frau Dr. Knöll gebracht. Allgemein kennt man fast ausschließlich die apokalyptischen Reiter von Albrecht Dürer (1471–1528). Das ist so der Standard. Mich hat sehr interessiert, wie die Interpretation der Reiter von jungen Künstlern sein würde, denn meine Sammlung besteht fast ausschließlich aus Blättern von jungen Leuten. Ich wollte nicht die ganz alten Künstler haben, ich wollte die jetzigen haben. Reizvoll ist natürlich auch, dass man eventuell noch sehen kann, wo sie gelernt haben. Speziell bei den Acrylstechern sieht man den Lehrer, wie zum Beispiel Karl-Georg Hirsch (*1938), manchmal noch ganz schön durchschimmern (Abb. 3). Das finde ich interessant.

Wie finden Sie Ihre Künstler, und suchen Sie ganz gezielt nach Schülern bekannter Lehrer?

Viele Künstler kenne ich durch Rundgänge in den Akademien. Bei solchen offenen Tagen kann man sich die Ateliers und die ausgestellten Werke ansehen. An sich bin ich jedes Jahr zu solchen Akademiebesuchen gefahren und habe immer wieder neue Leute kennen gelernt. Wunderbar war, als eine meiner Künstlerinnen mir einfach ihre Freundinnen, mit denen sie zusammen studiert hatte, weiter empfohlen hat. Da hatte ich auf einen Schlag vier neue großartige Künstlerinnen. Es ist selten, dass Künstler den Mut haben, andere Künstler weiterzuempfehlen. Ich höre aber dann sehr gerne auf diese Empfehlungen. Im Westen Deutschlands werden Radierung oder Holzschnitt an den Kunsthochschulen kaum noch gelehrt und wenn, dann oben unter dem Dachjuchee, da sitzen die Holzschneider und die Radierer. Die meisten meiner Künstler kommen daher aus den östlichen Bundesländern. Generell ist es ja heute auch so, dass viele Künstler für einen Hungerlohn arbeiten oder von kleinen Jobs, zum Beispiel als Bedienung im Café, leben. Furchtbar. Ich freue mich über jeden Künstler, der allein von seiner Kunst leben kann. Mittlerweile frage ich auch immer nach: „Was macht Ihr Mann oder Ihre Frau beruflich?" Denn einer muss doch schließlich einen Brotberuf haben. Dann ist es auch möglich, entspannt und kontinuierlich zu arbeiten. Das ist sehr wichtig. Ein Akademieprofessor, den ich gut kenne, sagt immer, man müsse jeden Tag zeichnen, sonst geht der Schwung aus der Hand verloren. Das glaube ich auch. In der Apotheke ist das ja auch nicht anders. Mir tut es schon sehr leid, wenn ich diese jungen Künstlerinnen und Künstler sehe, die wirklich großes Talent haben, tolle Arbeiten vorweisen und dann aber nicht von ihrer Kunst leben können.

Geben Sie mit den Aufträgen an die Künstler auch konkrete Themen und Wünsche vor? Oder suchen sich die Künstler aus Ihren Themenschwerpunkten ein individuelles Thema aus?

Ich schlage schon das Thema vor oder lasse eine Idee einfließen. Ein Beispiel: Einer meiner neusten Aufträge sind Blätter zu Thomas Manns Roman *Der Zauberberg*. Ich habe mir ganz gezielt gewünscht, dass ein Blatt den Berg mit dem angedeuteten Sanatorium zeigen und dabei auch der letzte Satz des Epos integriert werden soll. Oder ein anderes Blatt soll ein bestimmtes Erlebnis Hans Castorps darstellen. Hinzu kommt mein kleiner Fundus von

Abb. 3: Karl-Georg Hirsch, *Wolfgang Wissing mit seinem Mops Darwin. exlibris WOLFGANG WISSING*, Acrylstich, 2009, Inv. Nr. E 1263.

Lyrik, den ich zusammengetragen habe und aus dem ich bei Bedarf gezielt an die Künstler Gedichte abgebe. Man muss aber schon eine Vorauswahl der Themen treffen und überlegen, welchem Künstler liegt welches Thema. Ich sage nicht nur: „Ich möchte 'nen Mops", sondern gebe ein deutlicheres Stichwort. Manchmal verschicke ich auch ein privates Foto von Darwin an den Künstler, falls er oder sie zum Beispiel kein Verhältnis zu Hunden hat. Aber eigentlich suche ich den Künstler immer passend zum Sujet aus. So würde ich zum Beispiel nie eine ausgesprochene Kinderbuchillustratorin bitten, ein Blatt zum Thema Mensch und Tod zu machen. Das passt einfach nicht zusammen.

Es ist aber auch nicht üblich, dass ich zwischendurch einen Vorentwurf erhalte. Ich kenne meine Künstler so gut und vertraue ihnen, dass ich keinen Vorentwurf brauche. Ich bitte sie nur: „Mensch, mach mir mal das oder das." Das geht schon lange über die Exlibris hinaus. Der neuste Trend sind computergestützte Graphiken. Davon habe ich auch schon eine im Kontext von Friedrich Schillers Drama *Wallensteins Tod* in meiner Sammlung.

Wie hoch sind im Allgemeinen die Auflagen für Ihre Graphiken?

Das variiert. Üblich sind dreißig oder fünfzig Blätter pro Auflage. Manchmal ist die Auflage aber auch deutlich keiner, und es sind nur zehn Stück. Je nach Werk, wenn es zum Beispiel eine kleine Reihe ist, mag ich auch drei Graphiken auf einem Blatt sehr. Momentan beherbergt meine Sammlung vermutlich 200 Auflagen, wie viele es genau sind, kann ich leider nur schätzen.

Kommen wir zum Schluss noch einmal zurück zu Ihrem Darwin. Wie kamen die Wissings zum Mops?

Der Grund, warum ich mir einen Mops ausgesucht habe, ist, dass ich in der Literatur gelesen habe, dass Möpse eine sehr hohe Lebenserwartung haben können. Bei den Züchtern haben wir uns ganz gezielt die Mopsvariante mit der wieder länger gezüchteten Schnauze ausgesucht. Es war eigentlich eine ganz pragmatische Entscheidung: Vor Darwin hatten wir zwei französische Bulldoggen. Die beiden Bullys hatten eine ganz platte Nase und dadurch große Luftnot. Im Sommer mussten wir immer eine Flasche Wasser dabei haben, da die Hunde gelegentlich krampften und in Ohnmacht fielen. Ein Kriterium war vor allem auch die Körpergröße des Mopses: Ich wollte gerne einen kleinen Hund haben, den man überall mit hinnehmen kann. Folglich hätte ich mir nie einen Labrador ins Haus geholt, wie er seit langem in Mode ist. Über den Mops kannte ich natürlich auch die vielen schönen Karikaturen und war nicht zuletzt durch den Humoristen Loriot mit dem Mopscharakter vertraut. So wächst man eben in das Leben mit Mops hinein.

Als die Bullys in unserem Haushalt lebten, habe ich noch keine Graphiken gesammelt, aber es gab eine Medaille, die ich für unseren damaligen Hund anfertigen ließ. Heute würde ich mir jedoch kein Bulldoggen-Exlibris anfertigen lassen, da dieser Lebensabschnitt vorbei ist. Heute interessiere ich mich eben für den Ist-, den Jetztzustand – bei den Künstlern und natürlich auch beim Mops.

MOPS
& Natur

Kleine Naturgeschichte des Mopses

Jonathan Focke

Der Mond scheint fahl durch das blätterlose Geäst, auf dem Boden spiegelt feuchtes Laub das silbrige Licht. Von Weitem bricht der Ruf einer Eule die Stille. Die Nacht ist kalt und klar. Plötzlich ein Knacken, Blätterrascheln. Hinter der Buche, zwischen dem Gewirr aus Baumstämmen und den endlosen Schatten, die das Mondlicht über den Wald streut, hat sich etwas bewegt. Jetzt dumpfe, schnelle Tritte auf dichtem Waldboden. Dann wieder Stille. Dort vorne steht etwas – ein Tier. Die spitzen Ohren steil aufgerichtet. Vier kräftige Beine drücken sich ins Laub. Dichtes Fell schimmert im Gegenlicht, ein buschiger Schwanz berührt fast den Boden. Das Tier hebt den Kopf. Die lange Schnauze ragt in die Luft, im Mondlicht glänzt die spitze Nase. Scharfe Zähne blitzen zwischen den schwarzen Lefzen hervor. Es legt die Ohren nach hinten, dicht ans Fell, öffnet die Schnauze – durch den Wald schallt ein lautes Heulen. Es ist ein Wolf. Mächtig, gefährlich, Respekt einflößend. Ein in Märchen und Legenden gefürchtetes Raubtier.

Unvorstellbar mutet es bei der Betrachtung eines Wolfes an, dass er der Urahn eines plattnasigen, molligen Schoßtieres sein soll, das man gemeinhin gern als etwas ungelenk, bequemlich, gar trottelig harmlos charakterisiert – des Mopses.

Vom Wolf zum Mops

Wann und wie genau Menschen erstmals aus dem Wolf (*canis lupus*), oder genauer gesagt seinen domestizierten Nachkommen, den Haushunden (*canis lupus familiaris*), einen Mops erschufen, ist nicht bekannt. Immerhin datieren neuere paläontologische und genetische Untersuchungen fossiler Knochenfunde die Domestizierung des Wolfes auf die Zeit vor etwa 19.000 bis 32.000 Jahren in Europa.[1]

Anfangs – so vermutet man – lebten Mensch und Wolf in einer Art sozialer Symbiose zusammen.[2] Der Wolf nutzte die Abfälle des Menschen, der Mensch wiederum profitierte von der Wachsamkeit des Wolfes. Mit der Zeit begaben sich mehr und mehr der ehemals frei lebenden Tiere in völlige Abhängigkeit vom Menschen. Vermischungen mit der Wildform des Wolfes wurden seltener. Dann schließlich griff der Mensch selbst in die Natur ein: Er verhinderte, dass sich Haushunde und Wölfe paarten. Die Vermischung kam gänzlich zum Erliegen. Mutationen, die in freier Wildbahn keine Überlebenschancen gehabt hätten (z. B. kleinwüchsige Tiere), wurden vom Menschen gezielt gefördert und weiter gezüchtet. An die Stelle der natürlichen trat die künstliche Selektion.[3] Durch diese, durch Kreuzung und später auch durch gezielte Inzucht gingen seitdem mehrere hundert Hunderassen aus den ersten Haushunden hervor: kleine, große, helle, dunkle, solche mit langer und mit kurzer Schnauze. Der Mensch formte den Hund über die Jahrtausende nach seinen Bedürfnissen und Vorlieben.

Und irgendwann kam dabei der Mops heraus. Seine genaue Herkunfts- und Zuchtgeschichte lässt sich nicht mehr nachvollziehen. Es gibt verschiedene Theorien, von denen keine endgültig bewiesen ist. Einige frühe Naturforscher vermuteten, der Mops sei gar keine eigene Rasse, sondern lediglich ein Bastard von Bulldoggen und kleinen dänischen Hunden.[4]

Am wahrscheinlichsten aber ist es, dass es Chinesen waren, die aus doggenähnlichen Hunden den Mops herauszüchteten.[5] Hunde mit flachen Gesichtern und stumpfen Nasen waren in China sehr beliebt, wie Chroniken aus der Zeit des Konfuzius (um 500 v. Chr.) zeigen.[6]

Erste Darstellungen von eindeutig mopsähnlichen Hunden stammen aus der Zeit, als die Sung-Dynastie im Kaiserreich China herrschte (960–1279 n. Chr.).[7] Im 10. Jahrhundert nach Christus bekam Kaiser T'ai-Tsung einen kurzhaarigen Hund mit kurzer Schnauze geschenkt, der Lo-chiang-sze genannt wurde. Lo-sze war fortan auch die Bezeichnung für diesen Hundetyp, der als wahrscheinlicher Vorfahre der heutigen Möpse gilt – klein, etwas gedrungen, kurze Haare und ein plattes Gesicht mit kaum vorhandener Nase. Der Lo-sze war weder Jagd- noch Wachhund. In den Palästen und Gärten war es seine Aufgabe, den Herrscherfamilien Gesellschaft zu leisten, und er war so beliebt, dass er zum gern gesehenen Geschenk für andere Adelsfamilien avancierte.[8]

Aufstieg und Niedergang in Europa

Irgendwann schaffte es der Lo-sze dann auch nach Europa. Wann und wie genau, weiß niemand. Erste Handelsbeziehungen zwischen China und Europa bestanden schon zur Zeit der Ch'in-Dynastie (225–206 v. Chr.): über die Seidenstraße könnten Händler neben Porzellan, Seide und Gewürzen auch exotische Tiere als Geschenke mit nach Europa gebracht haben. Vielleicht kam der Mops aber auch übers Wasser: Viele Jahrhunderte später, während der Herrschaft der Ming-Dynastie (1368–1644 n. Chr.), bauten Portugiesen und Holländer Handelsbeziehungen mit dem chinesischen Kaiserreich über den Seeweg auf. Seeleute der niederländischen Ostindien-Kompanie brachten immer wieder auch Tiere aus China mit.[9]

Ungefähr ab 1425 ist die Existenz mopsähnlicher Hunde in Europa definitiv belegt.[10] Wahrscheinlich von den Niederlanden aus ‚eroberten' die Möpse dann den ganzen Kontinent. Besonders den Engländern hatte es der kleine Mops angetan: Nachdem Wilhelm III. von Oranien-Nassau (1650–1702) 1689 den englischen Thron bestiegen und dabei Möpse mit nach England gebracht hatte, begann eine intensive Zucht auf der Insel. Die Popularität steigerte sich noch im 18. Jahrhundert: Zur Zeit der *Chinoiserie* kam der kleine *Lo-sze* besonders in Mode.[11] Dennoch blieb der Mops weiterhin ein Hund der Oberschicht, der meist nur in Adelshäusern lebte. Weil er sehr beliebt, aber oft nur schwer zu beschaffen war, wurde er häufig mit anderen Kleinhunden gekreuzt, um immerhin mopsähnliche Hunde zu bekommen und mit ihnen die Nachfrage zu bedienen. Nach und nach wurden der Mops und seine Kreuzungen ‚bürgerlich', und man fand sie immer häufiger in den Stuben alleinstehender Damen, wo sie – mit Konfekt und anderen Leckereien vollgestopft – alsbald und ohne eigenes Verschulden ihren Ruf als fett, verfressen, faul und dumm erlangten.[12] Die Folge: Heruntergekommen durch Vermischung mit anderen Rassen und verspottet als unnütz und dümmlich kam die Mopszucht fast zum Erliegen. Eine Art Todesurteil über den einst geliebten Familienhund sprach Alfred Brehm (1829–1884) in der ersten Auflage seines *Thierlebens* von 1864: „Die Welt wird nichts verlieren, wenn dieses abscheuliche Tier den Weg allen Fleisches geht."[13] Der Mops, oder das was von ihm übrig geblieben war, war am Ende.

Rettung aus England

Doch etwa zur gleichen Zeit – Mitte des 19. Jahrhunderts – kam die Rettung für den Mops: Englische Mopsliebhaber wollten die Rasse neu beleben. Mit einem Rüden aus Wien und einer Hündin aus Holland begannen Lord und Lady Willoughby 1864 die stammbuchmäßige Reinzucht. Die *Willoughby-*

Abb. 1: Mops Kalle, 2014.

Möpse – steingrau mit schwarzem Gesicht und schwarzem Aalstrich – hatten großen Einfluss auf die weitere Zuchtgeschichte. Ebenso die Möpse der *Morrison*-Linie, die sich durch ihre warmgelbe Farbe, weniger Stirnfalten und ein hellere Maske auszeichneten.[14] In den folgenden Jahrzehnten nahmen Züchter Möpse aus Russland, Holland und durch britische Truppen im kaiserlichen Palast in Peking erbeutete Möpse mit in die Zucht auf. Ebenfalls aus dem Herkunftsland der Möpse brachte Lady Brassey 1878 mehrere schwarze Exemplare der Rasse mit, bis dahin äußerst selten in Europa und fortan eine wahre Sensation.[15] Die neuen reinrassigen Möpse eroberten bald auch wieder den europäischen Kontinent zurück. In Deutschland wurde der Mops mit Kurzhaarpinschern gekreuzt. Das frischte das Blut auf und brachte saubere Fellfarben, führte aber zu hochbeinigen Hunden mit langen Schnauzen. Nach dem zweiten Weltkrieg war dieser Mops-Pinscher-Mischling so weit verbreitet, dass man noch lange vom *Altdeutschen Mops* sprach. Auch andere Hunde, wie etwa Bulldoggen, wurden immer wieder eingekreuzt, um Schädelform und Nasenlänge zu verändern.

Multum in Parvo

Der Einfluss, den die frischen Gene auf den Mops haben durften, war allerdings begrenzt, denn schon ab 1883 gab es mit der Gründung des englischen *Pug-Dog-Clubs* genaue Standards, wie ein Rasse-Mops auszusehen hat. Seit 1987 sind diese Standars ganz offiziell von der *Fédération Cynologique Internationale (FCI)* festgelegt. So wird der Mops heute den *Molossoiden* zugeordnet, unter denen er der kleinste Vertreter der *doggenartigen Hunde* ist. Seine zentrale Charakterisierung: „*Multum in Parvo*"[16] – viel Masse in kleinem Raum, „ausgesprochen quadratisch und gedrungen"[17], aber niemals mit zu kurzen oder zu langen Beinen. Auch wenn er dickleibig erscheint, besitzt der Mops doch eine feste Muskulatur. Der Körper ist kurz, der Brustkorb breit und der Hals „stark, dick und von ausreichender Länge, dass der Kopf stolz getragen werden kann"[18]. Im Verhältnis zum Körper ist der Kopf des Mopses groß, mit klar abgezeichneten Falten auf der Stirn, kurzem Fang und samtweichen schwarzen Ohren. Auch seine dunklen runden Augen sind relativ groß im Vergleich zum Kopf. Ihr Ausdruck wird als sanft und bekümmert beschrieben, aber auch als „sehr glänzend und bei Erregung voller Feuer."[19] Am anderen Ende des Hundes ist die Rute über die Hüfte gerollt. Ein doppelt eingerollter Schwanz gilt heute als besonders erwünscht. Beim weichen, glänzenden Fell haben vier Farben Eingang in den Rassestandard gefunden: Silber, Apricot, Hellfalbfarben und Schwarz, die Maske ist dabei stets dunkel.

Obwohl der Mops in den letzten Jahrzehnten wieder an Beliebtheit gewonnen hat, bezeichnen ihn viele Menschen als ‚Qualzucht' – und das oft zu recht. Falsche Interpretationen des Standards veranlassten einige Züchter zu Übertreibungen der Rassenmerkmale, insbesondere der kurzen, flachen Nase. Die Folge: brachycephales Syndrom - Erkrankung der oberen Atemwege mit schwerer Atemnot.[20] Inzwischen verurteilen die Rassestandards zu kleine und zusammengedrückte Nasen scharf. Um solche übertriebenen Züchtungen in Zukunft einzuschränken, sind seit 2009 in den deutschen Zuchtvereinen nur noch solche Hunde zur Zucht zugelassen, die einen speziellen Belastungstest bestanden haben.[21]

Intelligent und einfühlsam

Ein weiteres Vorurteil, das dem Mops bis heute nachhängt, ist, dass er ein wenig dümmlich sei. Auch wenn sein rundäugiger treuer Blick in der Tat nicht gerade das scharfe Kalkül eines gerissenen Jägers vermuten lässt, ist der Mops sicher nicht dumm.

Als Gesellschaftshund lebte er Jahrhunderte lang an der Seite des Menschen. Dieser unmittelbare Kontakt zum Menschen erzwingt geradezu eine gewisse Einfühlsamkeit und Intelligenz des Tieres.[22] Die Rassestandards schreiben dem Mops einen Charakter zu, der von Charme, Würde, Intelligenz, Fröhlichkeit, Ausgeglichenheit und Lebhaftigkeit gekennzeichnet ist.[23] Ein besonderes Kennzeichen: Er ist temperamentvoll und gleichzeitig friedfertig. Obwohl er so klein ist, zeigt er wenig Furcht vor größeren Hunden. Angst scheint ihm ohnehin fast unbekannt. Während sich andere Hunde bei Blitz und Donner in der Ecke verkriechen und wimmern, bekundet der Mops allenfalls bellend seinen Ärger über die ungebetene Ruhestörung.[24] Sein einfühlsamer Charakter macht den Mops noch in einer anderen Hinsicht zu einem besonderen Hund: Im Gegensatz zu vielen andere Hunderassen meidet der Mops alte und kranke Menschen nicht. Im Gegenteil sucht er sogar deren Nähe, setzt sich aufs Krankenbett und kuschelt sich eng an die Patienten. Möpse eignen sich deshalb als Therapiehunde in der Alten- und Krankenpflege.[25]

Dass diesem kleinen Wesen von seinen jagenden Vorfahren, den Wölfen, nicht viel geblieben ist, wird hier besonders deutlich. Vom gefährlichen Raubtier bis zum Mops, mit seinen außergewöhnlichen biologischen und charakterlichen Merkmalen, war es ein langer Weg. Der Mops erlebte einen triumphalen Aufstieg ebenso wie einen raschen Niedergang, wurde als Exot bewundert und als Vielfraß verachtet. Doch seine liebenswürdige, aufgeweckte und fröhliche Art konnte sich offenbar durchsetzen. Seine Rasse hat immer mehr Bewunderer. Heute ist der Mops so beliebt wie wohl nie zuvor.[26]

1 Olaf Thalmann u. a., Complete Mitochondrial Genomes of Ancient Canids Suggest a European Origin of Domestic Dogs, in: *Science*, Nr. 342, 2013, S. 871–874, S. 871.
2 Hans Räber, *Enzyklopädie der Rassehunde. Ursprung, Geschichte, Zuchtziele, Eignung und Verwendung*, Stuttgart 1993, S. 10.
3 Räber 1993 (wie Anm. 2), S. 10.
4 Räber 1993 (wie Anm. 2), S. 634.
5 Ebd.
6 Annette Schmitt, *Mops*, Stuttgart 2010, S. 5.
7 Inge Weßling, *Mops. Auswahl, Haltung, Erziehung, Beschäftigung*, Stuttgart 2011, S. 7.
8 Schmitt 2010 (wie Anm. 6), S. 5.
9 Vgl. Räber 1993 (wie Anm. 2), S. 634.
10 Weßling 2011 (wie Anm. 7), S. 8.
11 Vgl. Schmitt 2010 (wie Anm. 6), S. 5.
12 Räber 1993 (wie Anm. 2), S. 638.
13 nach Räber 1993 (wie Anm. 2), S. 638.
14 Vgl. Weßling 2011 (wie Anm. 7), S.14.
15 Räber 1993 (wie Anm. 2), S. 639.
16 Fédération Cynologique Internationale (FCI), *FCI-Standard Nr. 253. Mops*, Thuin, 2011, S. 2.
17 Ebd.
18 FCI 2011 (wie Anm. 16), S. 3.
19 Ebd.
20 Vgl. Weßling 2011 (wie Anm. 7), S. 81.
21 Schmitt 2010 (wie Anm. 6), S. 9.
22 Weßling 2011 (wie Anm. 7), S. 19.
23 FCI 2011 (wie Anm. 16), S. 2.
24 Vgl. Weßling 2011 (wie Anm. 7), S. 20.
25 Weßling 2011 (wie Anm. 7), S. 20.
26 Weßling 2011 (wie Anm. 7), S. 17.

MOPS
& Kunst

Der Mops im Spiegel der Kunst

Inga Scholl

„Niemand kann sich vorstellen, wie diese Kreatur zustande kam, wie es möglich war, einen Löwen mit einem Ochsenfrosch zu kreuzen, ohne dabei die Rassemerkmale eines Marzipanschweins aus den Augen zu verlieren“[1]. So formuliert Emanuel Eckardt (*1942) 1984 seine Verblüffung über das phantastische Wesen Mops. In den letzten Jahrzehnten sind diesem einzigartigen Hund bereits ganze Ausstellungen gewidmet worden. So hat man anlässlich des 60. Geburtstages von Prinzessin Margarete von Hessen und bei Rhein 1973 unter dem Titel *Mopsiade. Möpse aus drei Jahrhunderten*[2] Ausstellungsstücke rund um den Mops aus den vergangenen drei Jahrhunderten im Schlossmuseum zu Darmstadt versammelt. Erst unlängst wurden drei weitere Ausstellungen gezeigt: 2008/2009 wurde dem Gesamtkunstwerk Mops mit *Mops-Kult. Geheimnisse um ein vergessenes Idol*[3], zu sehen in Mainz, Crailsheim und Banier, eine weitere Würdigung zuteil, wobei die jüngsten der gezeigten Objekte aus dem Ausstellungsjahr selbst stammten. Dann präsentierte man 2011 in Fürstenberg, einem Zentrum der Porzellanherstellung, die Ausstellung *Mops! Kitsch – Kunst – Kultur. Eine kleine Kulturgeschichte des Mops*[4]. Und 2011/2012 wurden unter dem Titel *Kultmops – Mopskult. Exlibris Wolfgang Wissing* im Frederikshavn Kunstmuseum (Dänemark) Exlibris aus der Sammlung Wolfgang Wissings ausgestellt.

Dass der Mops seit dem frühen 15. Jahrhundert in Europa zu finden ist, bezeugen die Kunstwerke, in denen er verewigt worden ist. Ein früher Beleg findet sich, so wird berichtet, bereits in einer Zeichnung des italienischen Künstlers Pisanello (1395–1455) von ca. 1425.[5]

Abb. 1: Umkreis des Hubert Gerhard, *Mopshündin*, Bronze, um 1600/10, Museumslandschaft Hessen Kassel.

Auch in der im 16. Jahrhundert entstandenen Commedia dell'Arte, dem Jahrmarktstheater mit seinem festgelegten Figurenrepertoire, spielte der Mops neben anderen Tieren wie kleinen Affen oder Pudeln mit. Benannt nach der Rolle des Arlecchino, der eine schwarze Maske trug, wird der Mops im Italienischen *Carlino* bzw. im Französischen *Carlin* genannt.[6]

Weil ein heldenhafter Mops 1570 Wilhelm I. von Oranien (1533–1584) vor einem Attentat gerettet hat, wurden die Möpse zu Maskottchen des Hauses Nassau-Oranien und gelangten so fast ein Jahrhundert später im Gefolge Wilhelms III. von Oranien (1650–1702), Statthalter der Niederlande und Urenkel Wilhelms I., bei dessen Thronbesteigung 1688 nach England.[7] Eine um 1600/10 datierte, im Umkreis des Tierplastikers Hubert Gerhard (um 1540/50–1620) entstandene überlebensgroße Skulptur einer *Mopshündin*[8] (Abb. 1) verdeutlicht, dass die Verbundenheit mit den kleinen Hunden so groß war, dass man sie für würdig befand, in Bronze verewigt zu werden.

Abb. 2: August Erich (zugeschrieben), *Familienbildnis Moritz' des Gelehrten*, Öl/Leinwand, 1618 (mit Ergänzungen bis 1628), Museumslandschaft Hessen Kassel.

Nach Kassel kam ein lebendiger Vertreter der Rasse möglicherweise gemeinsam mit Juliane von Nassau, der zweiten Gemahlin des Landgrafen Moritz von Hessen (reg. 1592–1627, Hochzeit 1603). Diese stammte aus dem Hause Nassau-Dillenburg, das die Niederländischen Statthalter stellte.[9] Es ist daher kaum verwunderlich, dass sich auch auf einem August Erich (1519–um 1550) zugeschriebenen Familienporträt, welches das Ehepaar mit seinen vierzehn Kindern zeigt (1618), ein Mops befindet (Abb. 2).[10] Überraschender als die Abbildung des Haushundes im Familienkreis erscheint die Darstellung einer Mopshündin inmitten ebenso exotischer, aber im Unterschied zum Mops wilder Tiere auf dem berühmten Kasseler *Thierstück*[11] von Johann Melchior Roos (1659–1731). Vermutet wird, dass der Maler die Bronzeplastik aus dem frühen 17. Jahrhundert zum Vorbild für seine Darstellung genommen hat.[12]

Das 18. Jahrhundert ist das Jahrhundert der Chinoiserie und des Exotismus und damit die Glanzzeit des exotischen und dadurch exquisiten Vierbeiners. Emanuel Eckardt schreibt hierzu:

> *„Der Mops ist das goldene Kalb des 18. Jahrhunderts. Wenige Geschöpfe dieses Planeten wurden so oft gemalt, modelliert und gegossen. Der Mopskult trieb seine Blüten auf Pfeifenköpfen und Bonbonnieren, Puderdosen und Schatullen, in Bronze, Silber und Porzellan. Und der leibhaftige Mops war zum neuen Hofnarren des Adels geworden."*[13]

In Winnenden ist dem verstorbenen Mops des Erzherzogs Karl Alexander auf einem relieffierten Epitaph (1733) sogar ein Denkmal gesetzt worden. Der kleine Hund war im Jahr 1717 bei der Schlacht um die Stadt Belgrad von seinem Herrn getrennt worden und, der Legende nach, innerhalb von elf Tagen die gewaltige Strecke von 1100 Kilometern zurück nach Hause gelaufen, um nur wenig später dort zu sterben. Die Inschrift des Denkmals lautet wie folgt:

„Du ruhst nunmero Mops / Von all deiner Pein. / Wie manchen Rauhen Wort / Wie manchen Nasenstüber, Mops, / Mustestu nicht stets / Hier unterworfen seyn. / Doch lehrte Dich der Witz / Dies in Geduld ertragen und / Weil du Hofmops warst / So dientestu der Zeit. / Dein holdes Mäulchen blieb / Bey seiner Freundlichkeit / Und jede Miene wies / Was Du nicht konntest sagen. / Nebst Allem Diesem / Warst Du ungemein Getreu und / Was wir Liebs und Gutes / Von Hunden melden können / Mit Alle Dem Warstu, O Mops / Geziert zu nennen.“[14]

Die hier gelobte Treue führte wenig später dazu, dass der 1738 gegründete Mopsorden den zuverlässigen Salongenossen zum Symbol seiner Ideale und als Erkennungsmerkmal gewählt hat. Anlass für die Gründung des Ordens gab wohl das im selben Jahr von Papst Clemens XII. unter Androhung der Exkommunikation verhängte Verbot der Zugehörigkeit zum Orden der Freimaurer. Diesbezüglich äußerte Thomas Krueger jedoch jüngst Zweifel und gibt zu bedenken: „Nach den wenigen Überlieferungen ist anzunehmen, dass im Mopsorden die ‚Arbeit‘ und die Rituale der Freimaurer rein zum Vergnügen persifliert wurden und die geheimen Treffen des Mopsordens allein dem *Divertissement* an den Höfen dienten.“[15] Dass im Mopsorden, dem auch Frauen beitreten durften, ob nun zum bloßen Vergnügen oder aus Überzeugung, die Rituale der Freimaurer aufgegriffen worden sind, bekräftigt auch der Vergleich zweier Porzellangruppen: Eine Gruppe aus der kurfürstlich-mainzischen Manufaktur in Hoechst (Abb. 4), datiert um 1755, zeigt zwei Frauen unterschiedlichen Alters. Beide haben die rechte Hand erhoben, wobei die Meisterin der jüngeren Adeptin, deren linke Hand auf einer Mopsfigur auf dem Tisch ruht, das Ehrenwort abnimmt.[16] Ebenfalls aus Hoechst stammt eine Gruppe mit zwei Freimaurern in sehr ähnlicher Haltung (Abb. 3), jedoch mit Freimaurer-Attributen auf dem Tisch anstelle des Mopses.[17]

Von der Existenz des Mopsordens und seiner Rituale berichtet eine 1745 in Amsterdam veröffentlichte Enthüllungsschrift.[18] Der anonyme Autor berichtet dort, dass einer „der erhabensten Souveräne unter den deutschen Fürsten“[19] den Orden protektiere. Weiter schreibt er: „Zum Großmeister nahmen sie einen der mächtigsten adeligen Herren Deutschlands“[20]. Dieser wird zuweilen mit Clemens August, Kurfürst und Erzbischof von Köln (1700–1761) oder mit Kurfürst Friedrich August II. von Sachsen identifiziert.[21]

Abb. 3: Porzellanmanufaktur Hoechst, *Freimaurergruppe*, Porzellan, um 1755, Landesmus. Mainz.

Abb. 4: Porzellanmanufaktur Hoechst, *Mopsordensgruppe*, Porzellan, um 1755, Landesmus. Mainz.

Das Bestehen und die Verbreitung des Mopsordens an zahlreichen Adelshöfen der Zeit sind vielfach anhand von schriftlichen Quellen belegt. Diese werden gestützt durch Kunstwerke in musealen und privaten Sammlungen, zu denen neben den genannten Porzellangruppen auch Bonbonniéren, Stockknäufe und Gemälde mit entsprechenden Motiven gehören. Karlheinz Goldmann zufolge „ist anzunehmen, daß diese Darstellungen zum Teil auch dazu gedient haben, die Gäste auf die Zugehörigkeit des Inhabers solcher Gegenstände zu dem Mopsorden hinzuweisen."[22]

Vielfältig sind Mopsdarstellungen auch in den Porträts des 18. Jahrhunderts. In zahlreichen Gruppen- oder Einzelporträts des europäischen Adels und Hochadels (selten auch schon bürgerlicher Personen und Familien), mit offiziellem Charakter, belebt der Mops fast unauffällig Vorder- oder Hintergrund, während in intimeren Bildnissen auch die Zuneigung der Dargestellten zu ihrem vierbeinigen Begleiter deutlich wird.

Nicolas de Largillière (1656–1746) malte um 1715–1720 in Frankreich ein Gruppenbildnis der *Madame de Ventadour mit Porträts Ludwigs XIV. und seiner Erben* (Abb. 5). Darauf sind zwei Hunde zu finden, die die Szene beleben, darunter eher unauffällig, rechts im Hintergrund, ein schwarzer

Abb. 5: Nicolas de Largillière, *Madame de Ventadour mit Porträts Ludwigs XIV. und seiner Erben*, Öl/Leinwand, um 1710–1720, London, Wallace Collection.

Abb. 6: Francisco de Goya, *Mariana de Pontejos*, Öl/Leinwand, wohl 1786, Washington, The National Gallery of Art, Andrew W. Mellon Collection.

Mops. Ein Porträt der Marquesa *Mariana de Pontejos* (Abb. 6) von der Hand des spanischen Hofmalers Francisco de Goya (1746–1828) ist wohl 1786 entstanden und zeigt die junge Frau stehend, vor einem landschaftlichen Hintergrund. Ein Mops mit Schellenhalsband ist ihr zur Seite gestellt.[23]

Eine sehr viel aufgelockertere Atmosphäre vermittelt die von William Hogarth (1697–1764) festgehaltene Gesellschaft, die den englischen *Lord Graham in seiner Kajüte* (Abb. 7) in lustiger Runde zeigt. Dargestellt ist der Mops hier auf den Hinterbeinen sitzend und mit einer Allongeperücke angetan. Das kleine Tier scheint zudem, von einem dunkelhäutigen Diener auf einer Trommel begleitet, von einem vor ihm aufgestellten Notenblatt zu singen, was die gesellschaftliche Rolle des vierbeinigen Clowns in der exotik-begeisterten Zeit sehr deutlich macht.

Wohl in bewusster Anlehnung an den Adel und dessen Vorliebe für den kleinen, „unnützen Hund"[24] ließ sich der Großkaufmann Gottfried Adolph Daum (1679–1743) vom preußischen Hofmaler Antoine Pesne (1683–1757) porträtieren (Abb. 8). Das Kniestück (um 1735) zeigt den Kaufmann in einem Sessel sitzend in Dreiviertelansicht. Sein Enkel steht vor dem Sessel, und gemeinsam halten sie den auf dem Schoß des Älteren sehr prominent platzierten Mops.

Abb. 7: William Hogarth, *Lord Graham in seiner Kajüte*, Öl/Leinwand, 1745, London, National Maritime Museum.

Bemerkenswert erscheint zudem die große Zahl an Selbstbildnissen, Familienbildnissen oder Bildnissen der Kinder von Künstlern mit Mops. Nicolas de Largillière etwa fertigte um 1704 ein Bildnis seiner Familie an, auf dem sich auch ein Mops befindet (Kunsthalle Bremen).[25] William Hogarth malte im Jahr 1745 ein *Selbstporträt mit Hund* (London, Tate Gallery).[26] Und auch Antoine Pense porträtierte sich selbst an der Staffelei gemeinsam mit seinen Töchtern und einem Mops, der zu ihm aufschaut (1754, Berlin, SMPK, Gemäldegalerie).[27] Diese Werke legen eine außerordentliche Beliebtheit des kleinen, ringelschwänzigen Hundes unter den Künstlern des 18. Jahrhunderts nahe. Zudem sieht es so aus, als habe der Mops bis in diese Zeit seinen angestammten Platz auf den Adelssitzen behaupten können. Darüber hinaus scheint auch die langsam zu immer mehr Einfluss gelangende Schicht der bürgerlichen Geschäftsleute, des sogenannten Geldadels, wachsenden Gefallen an dem pelzigen Salongenossen gefunden zu haben.

Abb. 8: Antione Pesne, *Gottfried Adolph Daum*, Öl/Leinwand, um 1735, Heidelberg, Kurpfälzisches Museum.

Diese neue Schicht der Bewunderer wird dem Mops im folgenden Jahrhundert beinahe zum Verhängnis werden, denn:

> *„Mit dem Wandel zur bürgerlichen Gesellschaft im 19. Jahrhundert werden Möpse in vielen europäischen Ländern zum Lieblingshund des Bürgertums. Zugleich verschwindet das Interesse des Adels, von Künstlern und illustren Persönlichkeiten."*[28]

Dass sich nun aber vor allem alleinstehende Damen zu dem drolligen Hund mit dem kindchenhaften Gesicht hingezogen fühlten, ihn mit allerlei Leckereien verwöhnten, schadete nicht nur dem einzelnen Tier, sondern dem Ruf der ganzen Rasse. Der Mops, den Leckereien im Grunde nie abgeneigt, nahm unvorteilhaft an Gewicht zu. Eine bekannte Weisheit sagt: Wer den Schaden hat, braucht für den Spott nicht zu sorgen – und die Spötter waren zahlreich. In den satirischen *Fliegenden Blättern* wurde der Mops als solcher, sein(e) Besitzer(in) oder der Mops stellvertretend für die Gesellschaft in zahlreichen Ausgaben karikiert (Abb. 9).[29] Der Zoologe Alfred Brehm urteilte schon 1864 in seinem berühmten *Thierleben*:

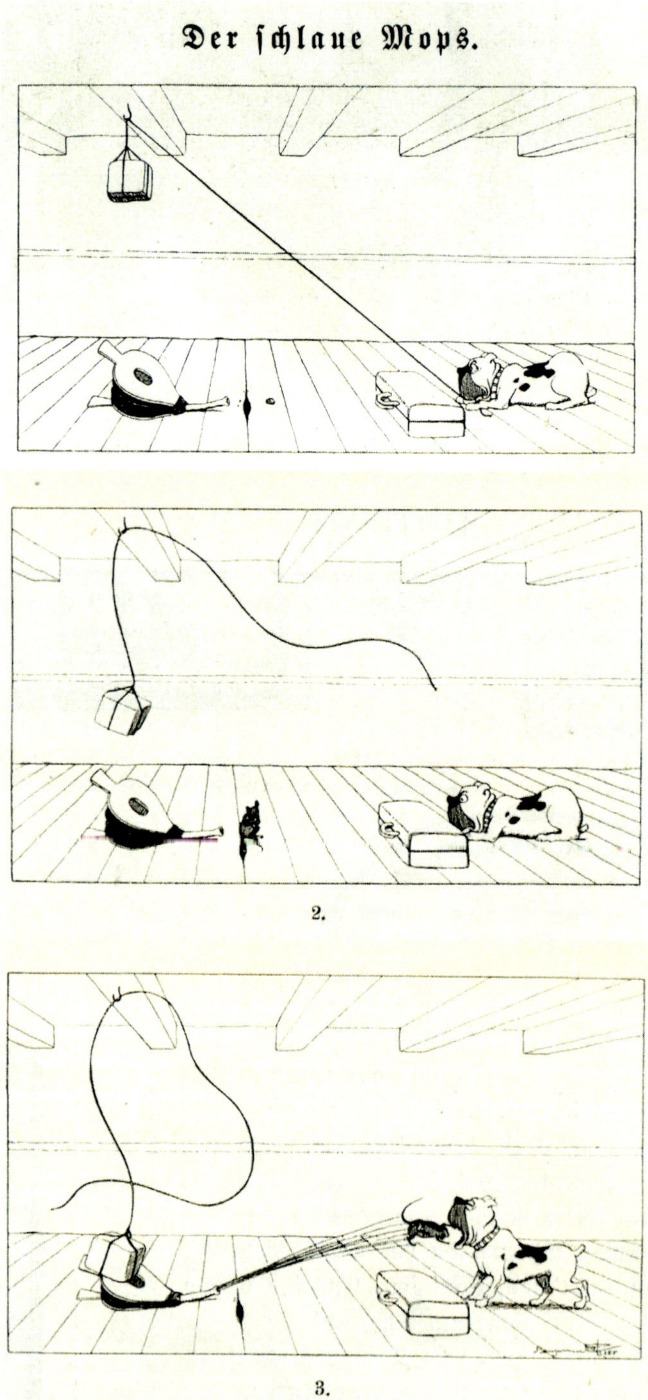

Abb. 9: Benjamin Rabier, *Der schlaue Mops*, 1896.

„Der Mops ist oder war der echte Altejungferhund und ein treues Spiegelbild solcher Frauenzimmer, bei denen die Bezeichnung ‚Alte Jungfer' als Schmähwort gilt. Er war nämlich launenhaft, unartig, verzärtelt und verhätschelt im höchsten Grade, und jedem vernünftigen Menschen ein Greul. Die Welt wird also Nichts verlieren, wenn dieses abscheuliche Thier mit sammt seiner Nachkommenschaft den Weg alles Fleisches geht."[30]

Obgleich der letzte Satz 1890 in der dritten Auflage nicht mehr wiederholt wird, heißt es dort noch immer:

„Früher sehr verbreitet, dann fast ausgestorben, gehört der Mops neuerdings wieder zu den beliebteren Hunderassen. Er wird leicht verzärtelt, ist dann launenhaft und unartig, vielen Menschen ein Greul."[31]

Zur Zielscheibe des Spottes wird der Mops demgemäß gleich mehrfach auch bei Wilhelm Busch. In seinem *Naturgeschichtlichen Alphabet* (Abb. 10) etwa wird er abgestempelt als „alter Damen Freude"[32]. So wird das öffentliche Bild des von Alfred Brehm zum „Zerrbild der Hunde"[33] herabgewürdigten Tieres in der zweiten Hälfte des 19. Jahrhunderts zunehmend negativ. Um 1900 erreicht die Zwiespaltung der Reaktionspalette auf den Mops in Deutschland einen Höhepunkt. Der Mops findet sich wieder in zahlreichen Gegenständen des täglichen Gebrauchs: auf Postkarten, als Tischuhr, Fußabstreifer, Zigarrenschneider, elektrischer Klingeltaster, Puzzle und sogar in Lebensgröße als Requisit für ein Fotografenatelier.[34] Oft sind die Darstellungen den Tieren wohlgesonnen, doch gibt es beispielsweise auf Postkarten Darstellungen, die das Klischee des Trösters alter Damen auf die Spitze treiben.[35]

Das 20. Jahrhundert hatte in seiner ersten Hälfte mit zwei Weltkriegen dringlichere Aufgaben als die Hundezucht, weswegen Zucht- und Ausstellungsaktivitäten beinahe gänzlich zum Erliegen kamen.[36] Der Mops als Motiv bleibt jedoch weiterhin in der Kunst vertreten, auch wenn es allgemein zunächst „still um die Rasse"[37] geworden ist.

Im Medium der Fotografie fertigte Albert Renger-Patzsch (1897–1966), bekannt u. a. für seine Aufnahmen von Industriearchitektur an Rhein und Ruhr, Porträtaufnahmen von einzelnen Möpsen an. In den frühen 1930er Jahren porträtierte er etwa den liegenden *Mops der Familie Multhaupt*. Und noch im selben Jahrzehnt fing er einen Mops auf einer Wiese, beim Spiel mit einem Stofftier, betitelt *Mops und Steifhund*, mit der Kamera ein.[38]

Im Jahr 1936 kam der Mops wieder in den Fokus der Öffentlichkeit, als König Edward VIII. von England (1894–1972) abdankte, um die Amerikanerin Wallis Simpson (1896–1986) heiraten zu können. Das Ehepaar, das selbst Möpse besaß, sammelte Mopsobjekte. Die stattliche Anzahl von 40.000 solcher Gegenstände aus dem Nachlass des Paares kam 1998 bei *Sotheby's* in New York zur Versteigerung.[39]

Abb. 10: Wilhelm Busch, Buchstabe M, Holzstich, aus: *Münchener Bilderbogen Nr. 406: Naturgeschichtliches Alphabet, 2. Bogen*, Detail, zw. 1858 und 1875.

In der zweiten Hälfte des 20. Jahrhunderts scheint in Künstlerkreisen eine neue Begeisterung für den Mops geweckt worden zu sein. Im Werk des Malers, Cartoonisten und Autoren Werner Zganiacz (*1938) etwa spielen Möpse als Bildthema neben Golf und anderen Tieren vor allem in seinen Bleistiftzeichnungen und den in Hunderter-Auflagen gefertigten Monotypien eine Hauptrolle. Dabei stehen ihm seine eigenen Möpse, Quintus Antonius und Titus, Modell.[40] In den 80er Jahren sind unter den Titeln *Möpse, Eier, Golf. Zeitweise zeitkritisch*[41] und *Über Geld, Golf und andere Lustbarkeiten*[42] zwei Bildbände des Künstlers erschienen, die mit zahlreichen, oft ironisch-zeitkritisch betitelten Mopsbildern illustriert sind, die zum Teil auf große Meisterwerke der Kunst Bezug nehmen (Abb. 11).

Von wissenschaftlicher Seite fiel die Beurteilung des Mopses nun sehr viel positiver aus als noch im Jahrhundert zuvor. Eberhard Trumler, tätig auf dem Gebiet der Hundeforschung, äußerte sich 1971 wie folgt:

„Vor rund 3000 Jahren gelang es chinesischen Meisterhundezüchtern, einen kleinen, ungemein friedfertigen Hund zu erzüchten, der sich durch ein entzückendes Kinder-

Abb. 11: Werner Zganiacz, *Mona mit Mops*, Detail, Monotypie, 1981, aus: *Möpse, Eier, Golf. Zeitweise zeitkritisch*, Hamburg 1984.

gesicht auszeichnet, aus dem große Kulleraugen treuherzig herausschauen: Den vielgelästerten und vielverkannten Mops.“[43]

In dieser Zeit begann die wissenschaftliche Auseinandersetzung mit dem Mops als Motiv in der Kunst, was unter anderem zu den oben genannten Ausstellungen führte.

Thomas Krueger konstatiert gar eine „Renaissance des Mops“[44] für die 1990er Jahre. Gegen Ende des 20. und zu Beginn des 21. Jahrhunderts hat sich nicht nur der kleine Kreis der Mopszüchter hierzulande in Form eines Vereins zusammengeschlossen, auch das allgemeine Interesse und die Wertschätzung der Rasse Mops scheinen stetig zu steigen. Es gibt – wie eigentlich zu jeder Zeit – prominente Liebhaber und Fürsprecher wie etwa Vicco von Bülow alias Loriot (1923–2011), dem „[e]in Leben ohne Mops [...] möglich, aber sinnlos“[45] erschien und Emanuel Eckardt, für den der Vierbeiner „ein Wunder der Natur“[46] darstellt.

In der Kunst des 21. Jahrhunderts hat der Mops seinen Status als porträtwürdiger Vertreter seiner Gattung behauptet. Vall Karsunke (*1967) etwa

Abb. 12: Ottmar Hörl, *Mops*, Multiple, 2008.

bringt ihn 2008 mit oder ohne menschliche Begleitung in Öl oder Mischtechnik, in verschiedenen Variationen und manchmal nur im Schattenriss auf die Leinwand.[47] Ottmar Hörl (*1951), für den der Mops selbst „der lebendige Versuch, die Idee eines Kunstwerks"[48] ist, schafft im selben Jahr mit seinem Multiple *Mops* (Abb. 12) eine Serie von lebensgroßen Kunststoff-Sitzfiguren. Er tritt damit den Beweis dafür an, dass der kleine Hund mit den unverkennbaren Schlappohren, der faltigen Stirn und den großen Kulleraugen 400 Jahre nach dem Kasseler Bronzebildnis der *Mopshündin* noch immer für Wert befunden wird, im Medium der Skulptur festgehalten zu werden.

Sucht man heute im Internet unter den Stichworten „Artikel mit Mops", findet man zudem eine Flut von angebotenen Dingen mit Mopsbildern oder in Mopsform, vom Regenschirm über Handtaschen und Kaffeetassen bis hin zu Fußmatten, Sofakissen, Plüschtieren und allerlei Kleidungs- und Schmuckstücken. Überdies begegnet uns der Vierbeiner nicht nur in (Kino-) Filmen und Werbespots, sondern vermehrt auch wieder leibhaftig auf den Straßen.[49]

1 Emanuel Eckardt, Der Mops – das wundersame Wesen, *Stern* 48 (November 1984), S. 154–167, S. 160. Vgl. auch bei Deutscher Mopsclub e. V. (Hrsg.), *15 Jahre Deutscher Mopsclub e. V. 1981–1996*, Bad Münstereifel 1996, S. 95–99, Zitat dort S. 95.

2 Vgl. Gudrun Illgen (Bearb.), *Mopsiade. Möpse aus drei Jahrhunderten*, Ausst. Kat., Darmstadt 1973.

3 Vgl. Wolfgang Saal und Frithjof Schwartz (Hrsg.), *der mops - ein kunstwerk, the pug - an artwork, le carlin - une oeuvre d'art*, Ausst. Kat., Trier 2008.

4 Vgl. Thomas Krueger, *Mops ! - Eine kleine Kulturgeschichte*, Ausst. Kat., Holzminden 2011.

5 Diese Angabe bezieht sich auf einen Hinweis von Dr. K. Kniper, Direktor des Zoos von Rotterdam, um 1900. Erich Köllmann merkt zudem an, dass sich die Korrektheit der Aussage nicht überprüfen lässt. (Vgl. Erich Köllmann, I. K. H. Prinzessin Ludwig von Hessen und bei Rhein gewidmet., in: Gudrun Illgen, *Mopsiade. Möpse aus drei Jahrhunderten*, Ausst. Kat., Darmstadt 1973, o. S.) Vgl. auch Evelyn Lehmann, *Das große Kasseler Tierbild. Das barocke „Thierstück" von Johann Melchior Roos, die Kasseler Menagerien und einiges Mehr über Mensch und Tier*, Petersberg 2009, S. 33; Inge Weßling, *Mops. Auswahl, Haltung, Erziehung, Beschäftigung*, in der Reihe: PraxisWissen Hund, Stuttgart 2011, S. 8 sowie Krueger 2011 (wie Anm. 4), S. 18.

6 Vgl. Weßling 2011 (wie Anm. 5), S. 8.

7 Vgl. ebd., S. 9; Alison Mount, *Unser Hund. Der Mops*, [Nerdlen/Daun] ²2007, S. 11 sowie Saal / Schwartz 2008 (wie Anm. 3), S. 5.

8 Abb. siehe Michaela Kalusok, Mopshündin, in: Ekkehard Schmidberger und Thomas Richter (Hrsg.), *Schatzkunst 800 bis 1800*, Kassel 2001, S. 164f., Kat. Nr. 65. Die Sammlung der Museumslandschaft Hessen Kassel verfügt über zwei Exemplare der Skulptur. (Siehe ebd., S. 165).

9 Vgl. ebd., S. 164 sowie Lehmann 2009 (wie Anm. 5), S. 33–35. Zur Bronzehündin siehe auch Loriot, Vier Beine Insgesamt, in: *Sehr verehrte Damen und Herren.... Bewegende Worte zu freudigen Ereignissen, Kindern, Hunden, weißen Mäusen, Vögeln, Freunden, Prominenten und so weiter*, Zürich ⁵2011 [Erstveröffentlichung 1993], S. 214f. Vgl. auch Deutscher Mopsclub e. V. 1996 (wie Anm. 1), S. 37.

10 Vgl. Lehmann 2009 (wie Anm. 5), S. 34; Kalusok 2001 (wie Anm. 8), S. 164 sowie Thomas Richter, Familienbildnis Moritz' des Gelehrten, in: Schmidberger/Richter 2001 (wie Anm. 8), S. 160f., Kat. Nr. 63.

11 Abb. siehe Lehmann 2009 (wie Anm. 5), S. 54f. Es existieren zwei Fassungen des Werkes: eine kleinere, heute in Braunschweig aufbewahrte (1728) und eine große, in Kassel befindlichen Fassung (Auftrag: 1722). (Siehe ebd.) Detail mit Mops siehe ebd., S. 33.

12 Vgl. ebd., S. 33–35. Es finden sich noch weitere Mopsporträts in Kasseler Museen: u. a. eine spiegelverkehrte Einzeldarstellung der *Mopshündin* des *Tierstückes* von Johann Melchior Roos (MHK, Gemäldegalerie Alte Meister, Kassel / Abb. siehe ebd., S. 35) sowie ein erst kürzlich entdecktes Mopsporträt von Garçon Pinart (?) (1759, Naturkundemuseum Kassel / Abb. siehe ebd., S. 34).

13 Eckardt 1984 (wie Anm. 1), S. 162. Vgl. auch bei Deutscher Mopsclub e. V. 1996 (wie Anm. 1), Zitat dort S. 95.

14 Krueger 2011 (wie Anm. 4), S. 34 und (mit Unterschieden in Groß- und Kleinschreibung am Zeilenanfang) Weßling 2011 (wie Anm. 5), S. 10. Vgl. auch Deutscher Mopsclub e. V. 1996 (wie Anm. 1), S. 48; Felicitas Noeske, *Das Mopsbuch. Ausgewählt von Felicitas Noeske. Mit zahlreichen Abbildungen*, Frankfurt a. M.; Leipzig 2001, S. 25 f. sowie Saal / Schwartz 2008 (wie Anm. 3), S. 7. Abb. siehe Noeske 2001, S. 26. Thomas Krueger verweist auf ein Kinderbuch, welches die Geschichte des Winnender Mopses aufgreift: Hilda Knobloch, *Butzemann. Der Mops des Herzogs von Württemberg*, Stuttgart 1955. (Siehe Krueger 2011 (wie Anm. 4), S. 34, Anm. 21.)

15 Krueger 2011 (wie Anm. 4), S. 25.

16 Vgl. Karlheinz Goldmann, Ein Opfer der französischen Revolution? Der geheimnisvolle Mopsorden (1740) 1741–1782 (ff.), in: Illgen 1973 (wie Anm. 3), S. 5–12, o. S.

17 Vgl. Goldmann 1973 (wie Anm. 16), o. S.

18 Vgl. Freimaurerische Forschungsgesellschaft Quatuor Coronati (Hrsg.), *Der verratene Orden der Freimaurer und Das enthüllte Geheimnis der Mopsgesellschaft*, übers. v. Reinhold Müller, Amsterdam 1745 [Nachdruck Hamburg 1973], S. 135–155. Vgl. weitere Übersetzungen desselben Textes bei: Erich Köllmann, Der Mopsorden, in: Deutscher Mopsclub 1996 (wie Anm. 1), S. 70–81, S. 72–81 sowie Noeske 2002 (wie Anm. 14), S. 30–49.

19 Freimaurerische Forschungsgesellschaft Quatuor Coronati 1973 (wie Anm. 18), S. 135.

20 Ebd.

21 Vgl. Goldmann 1973 (wie Anm. 16), o. S.; Köllmann 1996 (wie Anm. 18), S. 71 sowie Roland Martin Hanke, *Mops und Maurer. Betrachtungen zur Geschichte der Mopsgesellschaft*, Bayreuth 2009, S. 25.

22 Goldmann 1973 (wie Anm. 16), o. S. Zur Verbreitung des Mopsordens siehe ebd., o. S.

23 Vgl. Alfonso E. Pérez Sánchez und Eleanor A. Sayre, *Goya and the Spirit of Enlightenment*, Ausst. Kat., Boston (u. a.) 1989, S. 19–22.

24 Wolfgang Wippermann und Detlef Berentzen, *Die Deutschen und ihre Hunde. Ein Sonderweg der Mentalitätsgeschichte?*, München 1999, S. 40.

25 Abb. siehe Günter Busch, *Kunsthalle Bremen*, Braunschweig 1980, S. 36 sowie Noeske 2001 (wie Anm. 14), S. 29.

26 Vgl. Omar Calabrese, *Die Geschichte des Selbstporträts*, München 2006, S. 193f. / Abb. 183. Zu William Hogarths Mops vgl. auch Noeske 2001 (wie Anm. 14), S. 49–58.

27 Vgl. Helmut Börsch-Supan, *Der Maler Antoine Pesne. Franzose und Preuße*, Friedberg/H. 1986, S. 24f. / Abb. 110. In einem Einzelporträt hält Pesne zudem seine Tochter Marie de Rège einen Mops im Arm fest (vor 1737, Besitz der Erben Feist-Wollheim). (Vgl. Rainer Michaelis, *Antoine Pesne (1683–1757). Die Werke des preußischen Hofmalers in der Berliner Gemäldegalerie*, Berlin 2003, S. 42f., Kat. Nr. 61/2. / Abb. siehe ebd. Vgl. auch Börsch-Supan 1986, S. 25 / Abb. 115.)

28 Saal / Schwartz 2008 (wie Anm. 3), S. 7.

29 Siehe Abb. u. a. in: Fliegende Blätter: 30/705 (1859), S. 8; 68/1714 (1878), S. 176 sowie 104/2650 (1896), S. 185.

30 Alfred Brehm, *Illustrirtes Thierleben. Eine allgemeine Kunde des Thierreichs*, unter Mitwirkung von Wilhelm Haake, Bd. 1, Hildburghausen 1864, S. 363. Vgl. u. a. Weßling 2011 (wie Anm. 5), S. 12.

31 Alfred Brehm, *Brehms Tierleben. Allgemeine Kunde des Tierreichs*, unter Mitwirkung von Wilhelm Haake und neubearbeitet von Prof.-Dr. Pechuel-Loesche, Bd. 2: Säugetiere, Leipzig; Wien [3]1890, S. 136.

32 Wilhelm Busch, *Bilderbogen*, München 21982 [Nachdrucke der 1858 bis 1875 erschienenen Bilderbogen]., Nr. 406. Vgl. auch Saal / Schwartz 2008 (wie Anm. 3), S. 51.

33 Brehm 1864 (wie Anm. 33), S. 363.

34 Vgl. Saal / Schwartz 2008 (wie Anm. 3), Abb.: S. 26, 30, 33f., 41, 43f. und 58 sowie Krueger 2011 (wie Anm. 4), Abb. S. 39 und 41f..

35 Vgl. Saal / Schwartz 2008 (wie Anm. 3), S. 48 sowie Krueger 2011 (wie Anm. 4), Abb. S. 38.

36 Vgl. Mount 2007 (wie Anm. 8), S. 15 sowie Weßling 2011 (wie Anm. 5), S. 14.

37 Weßling 2011 (wie Anm. 5), S. 14.

38 Vgl. Van Ham, *301 Auktion. Photographie 10. Juni 2011*, Aukt. Kat., Köln 2011, S. 186 sowie Van Ham, *312 Auktion. Photographie 20. Juni 2012*, Aukt. Kat., Köln 2012, S. 198. Abb. siehe ebd.

39 Vgl. Noeske 2011 (wie Anm. 14), S. 159f. sowie Weßling 2011 (wie Anm. 5), S. 14.

40 Vgl. Werner Zganiacz, *Über Geld, Golf und andere Lustbarkeiten*, Hamburg 1987, S. 38–41 sowie Noeske 2001 (wie Anm. 14), S. 135f..

41 Vgl. Werner Zganiacz, *Möpse, Eier, Golf, Zeitweise zeitkritisch*, Hamburg 1984.

42 Vgl. Zganiacz 1987 (wie Anm. 40).

43 Eberhard Trumler, *Mit dem Hund auf du. Zum Verständnis seines Wesens und Verhaltens*, München [15]2007 [Erstauflage 1971], S. 184. Vgl. zur Entstehungsgeschichte des Werkes von Trumler auch Eckardt 1984 (wie Anm. 1), S. 164. Vgl. auch bei Deutscher Mopsclub e. V. 1996 (wie Anm. 1), dort S. 97.

44 Krueger 2011 (wie Anm. 4), S. 43.

45 Loriot, „Sinnlos“, in: *Sehr verehrte Damen und Herren.... Bewegende Worte zu freudigen Ereignisse, Kindern, Hunden, weißen Mäusen, Vögeln, Freunden, Prominenten und so weiter*, Zürich [5]2011 [Erstveröffentlichung 1993], S. 221.

46 Eckardt 1984 (wie Anm. 1), S. 160. Vgl. auch bei Deutscher Mopsclub e. V. 1996 (wie Anm. 1), siehe dort S. 95.

47 Abb. siehe Saal / Schwartz 2008 (wie Anm. 3), S. 15–17 und 52.

48 Ebd., S. 8.

49 Vgl. auch Krueger 2011 (wie Anm. 4), S. 43f.

MOPS
& Literatur

Der Mops in der Literatur

Inga Scholl

Der Mops findet sich als Figur in zahlreichen Werken der deutschsprachigen Literatur. Dabei reicht das Spektrum von längeren Erzählungen über reich illustrierte Bildergeschichten und Gedichte bis hin zu zeitgenössischen Kinderbüchern und Romanen.

Dass sich am Mops die Geister scheiden, wird schon bei der Betrachtung der redensartlichen Verwendung und der Etymologie des Wortes *Mops* deutlich: Man kann sich *langweilen* oder *ärgern wie ein Mops*. Diese negativ konnotierte Verwendung geht von der mürrisch wirkenden Physiognomie des Tieres aus.[1] Daher ist der Rassename *Mops* auch vom niederdeutschen *mopen* hergeleitet, was *den Mund verziehen* meint.[2] Auf der anderen Seite wird der rundliche, gemütliche Mops auch mit Zufriedenheit in Verbindung gebracht, was *mopsfidel* zum Ausdruck bringt.[3]

Beiden Sichtweisen auf das Tier entspringen verschiedene Redewendungen und Verse: Wenn etwas sprichwörtlich *unterm Mops* ist, so ist das vergleichbar etwa mit *unter aller Kritik, unter allem Hund* oder *unter aller Kanone*. Ebenso wenig positiv erscheint die Wendung „He hett Möps in'n Kopp'"; sie stammt aus dem Altmärkischen und bedeutet soviel wie *Launen haben*. Positiv belegt erscheint der Mops hingegen in einem Vers, der etwa 1870 aufgekommen ist: „Lebe glücklich, lebe froh / Wie der Mops im Paletot!".[4] Der als Parodie auf die üblichen Stammbuchverse zu verstehende Vers bezieht sich auf einen Usus der Zeit, die jungen Hunde in der Manteltasche zu tragen.[5] Interessant ist auch der synonyme Gebrauch des Wortes Möpse für Geld: Wer Möpse hat, ist redensartlich reich, besitzt Geld.[6] Diese umgangssprachliche Bezeichnung *Möpse* für Geld, hat sich aus dem rotwelschen[7] Ausdruck *meps*, entwickelt, was *klein* bedeutet.[8] Davon entlehnt bedeutet der Ausdruck *mopsen* soviel wie *stehlen.*[9]

Die Konnotation des Mopses ist schon auf der Ebene des alltäglichen Sprachgebrauchs vielschichtig, im Positiven wie im Negativen. Allein Physiognomie und Körperbau des Tieres regen zu den unterschiedlichsten Assoziationen an. Daher wird es kaum verwundern, dass das Bild des Mopses auch in der Literatur kein einheitliches ist. Der Mops wird dort charakterisiert als treuer Begleiter oder, negativ belegt, Freude alter Damen. Er wird als Hund gesehen, der durch den Menschen verzogen ist, und tritt, Bezug nehmend auf seine Physiognomie, als komische Witzfigur in Erscheinung. Eine Auswahl von Werken der deutschsprachigen Literatur aus den vergangenen drei Jahrhunderten sei hier im Folgenden vorgestellt.[10]

Bereits im Jahr 1795 taucht mit dem ‚Mops von Edelstein'[11] ein Mops in Johann Wolfgang von Goethes (1749–1832) Erzählung *Das Märchen*[12] auf. *Das Märchen* bildet den letzten Teil der *Unterhaltungen deutscher Ausgewanderten* und ist in der von Friedrich Schiller herausgegebenen Zeitschrift *Horen* erschienen. Die Ereignisse in Goethes *Märchen* finden ihren Schauplatz in einem phantastischen Land, in dem „alle Naturgesetze aufgehoben"[13] erscheinen. Daher ist es möglich, dass die Figur des Mopses hier, obwohl durch den Verzehr von Goldstücken bereits gestorben, zunächst durch den Schein einer magischen Lampe in einen Onyx verwandelt und anschließend durch die Berührung einer jungen Frau mit Namen Lilie wieder zum Leben erweckt werden kann.[14] Dabei gehen die Meinungen der beteiligten Figuren über dem Mops weit auseinender. Die Besitzerin des Mopses, eine ältere Frau, meint nach dessen Tod hoffnungsvoll: „Sie [Lilie] wird ihn durch ihre Berührung lebendig machen, wie sie alles Lebendige durch ihre Berührung tötet; sie wird einen treuen Gefährten an ihm haben. [...]"[15] Ebenso geschieht es, und tatsächlich erfreut sich Lilie an dem „artige[n], treue[n] Tier"[16], auch wenn dem eifersüchtigen Prinzen „das hässliche Tier [...] ganz abscheulich vorkam"[17].

Der Mops, der von den einen geliebt und von den anderen verabscheut wird, frisst hier also, was er nicht soll, und stirbt daraufhin, doch kann er dem Tod entrissen und wieder zum Leben erweckt werden. *Das Märchen* löste schon bei seinen zeitgenössischen Lesern ein „allgemeines Kopfschütteln und Rätselraten"[18] aus. Und der genaue „Sinn des verwandelten Mopses", der „im Spiel mit der schönen Lilie nur ein Scheinleben führt" erschloss sich, Frank Thiess zufolge, auch dem Herausgeber des Märchens, Friedrich Schiller, nicht.[19]

Etwa 45 Jahre nach Goethes *Märchen* taucht in Heinrich Heines (1797–1856) Versepos *Atta Troll. Ein Sommermärchen*[20], geschrieben 1841, die Figur eines

Mopses auf, dessen Werdegang jedoch weniger glücklich zu sein scheint. Das Epos wird zunächst nur in Teilen in der Zeitschrift *Für die Elegante Welt* unter der Redaktion von Heinrich Laube veröffentlicht und bleibt unvollendet.[21] Der Mops ist auch hier eine Nebenfigur. Die Hauptereignisse ranken sich um die Titelfigur Atta Troll, einen Tanzbären. Die Figur des Mopses taucht in der Gestalt eines verzauberten Dichters aus dem Schwabenland auf, welcher seine Heimat verlassen hatte, um sich in der Welt zu bilden, und auf seiner Reise zum Haus der Hexe Uraka kommt. Weil der tugendhafte Dichter sich dem Annäherungsversuch der „lasterhaften Vettel"[22] widersetzt, verwandelt sie ihn in einen Mops. In dieser Gestalt muss er ihr nun dienen. Eine Erlösung von der Verwünschung erscheint dem Dichter unmöglich, denn er könnte nur durch „eine reine Jungfrau", der es gelänge in der Silvesternacht „Die Gedichte Gustav Pfilzers / [zu] Lesen – ohne einzuschlafen", „entmopst" werden.[23] In Heines Versepos ist es also eine schwere Strafe für einen unglücklichen Dichter, sein Leben fortan im Fell eines Mopses fristen zu müssen, mit kaum einer Aussicht auf Rettung.

In diesen beiden sehr umfangreichen Werken, in denen der Mops jeweils als nebengeordnete Figur auftaucht, sind bereits die Hauptaspekte der Rolle des Mopses in zahlreichen weiteren Dichtungen zu finden. Die Haltung der übrigen Figuren in Goethes *Märchen* dem Mops gegenüber demonstriert die polarisierende Wirkung des Tieres, ähnlich dem allgemeinen Sprachgebrauch: Der Mops wird geliebt oder verabscheut, nur selten gibt es eine Position dazwischen. Dabei sind es die Physiognomie und das äußere Erscheinungsbild des Tieres, die hier entweder zu Lobeshymnen anregen oder als Angriffspunkte dienen. Die Figur des Dichters in Gestalt eines Mopses in Heines Versepos thematisiert hingegen – in umgekehrter Weise zwar, denn hier wird ein Mensch in ein Tier verwandelt – die Vermenschlichung des Mopses und damit auch die Beziehung zwischen Mensch und Mops.

In Gedichtform schrieb Heinrich Heine um 1824 unter dem Titel *Daß ich dich liebe, o Möpschen*[24] seine Liebe zum Mops nieder. Dass es sich jedoch nicht um blinde Liebe handelt, zeigt die trotz ihrer Kürze sehr analytische Beschreibung der Beziehung zwischen Mops und Mensch. Diese ist, was der ersten Strophe zu entnehmen ist, geprägt von der Liebe und Zuwendung, die der Mensch dem Tier angedeihen lässt. Diese Gunst nimmt der Mops, der sehr wohl um die Liebe des Menschen weiß, an und belohnt sie durch Zuwendungen seinerseits. Deutlich wird dies, wenn Heine das lyrische Ich sagen lässt: „Daß ich dich liebe, o Möpschen, / Das ist dir wohlbekannt. / Wenn ich mit Zucker dich füttre, / So leckst du mir die Hand." In der zweiten Strophe wird der Blick auf die Rolle des Menschen in dieser Beziehung (und übertragen auch auf andere) dann kritischer, denn dort wird festgestellt:

Abb. 1: Wilhelm Busch, *Vis-á-vis im Sonnenschein...*, Handschrift, um 1882, aus: Plisch und Plum, Sechstes Kapitel.

„Du willst auch nur ein Hund sein, / Du willst nicht scheinen mehr; / All meine übrigen Freunde / Verstellen sich zu sehr.“

Mit ähnlich kritischem Blick und klarer Erkenntnis eines menschlichen Fehlverhaltens, vorgebracht jedoch in heiterem Ton, schildert August Heinrich Hoffmann von Fallersleben (1798–1874) in dem Gedicht *Wer ist Schuld daran?*[25] (1841) das unerfreuliche Verhalten eines verzogenen Mopses. Von diesem, als er noch ein Möpschen war, heißt es dort: „[...] Da konnt er freundlich sein; / Jetzt brummt er alle Tage / Und bellt noch obendrein.“ Auch wolle das „recht verzogen Thier“ jetzt nur noch „Lekkerbissen“ und weigere sich „trocken Brot“ zu fressen. Für diese unwillkommene Wandlung im Verhalten des Tieres hat dieses selbst in der letzten von drei Strophen auch die passende Erklärung und verkündet sehr menschlich argumentierend: „Wie thöricht sprichst du doch! / Hätt'st du mich anders gezogen, / Wär' ich ein Möpschen noch“.

Ein unerzogener Mops taucht auch in der Bildergeschichte *Plisch und Plum*[26] von Wilhelm Busch (1832–1908) auf. Dieser zeigt sich zu Beginn recht unvorteilhaft, am Ende jedoch von einer besseren Seite. Die 1882 erstmals erschienene Bildergeschichte erzählt die Geschichte zweier Hunde, Plisch, schmal und schlank, und Mops Plum, klein und rund. Beide werden von Herrn Kaspar Schlich in einen Teich geworfen. Dies wird von zwei Brüdern beobachtet, Paul und Peter, von denen die jungen Hunde gerettet werden und ihre Namen – dem Geräusch entsprechend, welches sie beim Auftreffen auf das Wasser verursacht hatten – erhalten. Die Brüder nehmen die Hunde mit nach Hause. Die vier sind zunächst ein Herz und eine Seele, obgleich die Hunde, einer wie der andere, nur Ärger verursachen. Der Wendepunkt der Geschichte bahnt sich an, als Plisch und Plum die Bekanntschaft einer Hundedame machen (Abb. 1) und darüber in Streit geraten. In den Streit der Hunde werden auch die Brüder verwickelt, und er gipfelt in einer Rauferei in der heimischen Küche. Die Strafe folgt auf dem Fuße: Die Hunde werden an ihre Hütte gekettet, und die Brüder, durch Magister Bokelmanns Vortrag über richtiges Betragen unberührt, machen in der Schule Bekanntschaft mit dessen Rohrstock – getreu dem Motto: *Wer nicht hören will muss fühlen.* Nachdem sich Paul und Peter die Methode mit dem Rohrstock von ihrem Lehrer abgeschaut und Plisch und Plum auf diese Weise wohlerzogen haben, treffen die vier bei einem Spaziergang mit dem Vater der Jungen auf den reichen, zugereisten Mister Pief, der, begeistert vom Können der Hunde, sie dem Vater abkauft – sehr zum Ärger von Beobachter Herrn Schlich, der die Hunde ertränken wollte. Sowohl Mops Plum als auch sein Leidensgenosse Plisch zeigen sich hier, obwohl zu Anfang unerzogen, letztlich doch gelehrig.

Abb. 2: Wilhelm Busch, *Münchener Bilderbogen, Nr. 431: Die Strafe der Faulheit*, Holzstich, zw. 1858 und 1875.

Dass das Betragen eines Hundes (auch eines Mopses) hauptsächlich vom Verhalten des Halters dem Tier gegenüber abhängig ist, behandelt Wilhelm Busch erneut anhand zweier Hundeschicksale: In zweien seiner Münchener Bilderbogen, *Die Strafe der Faulheit*[27] (Abb. 2) und *Der Lohn des Fleißes*[28], ist das Schicksal des verwöhnten, verfressenen und ungehorsamen Mopses Schnick von Fräulein Ammer demjenigen des gelehrigen Pudels Nero des Herrn Bartel, die beide in die Fänge eines Hundefängers geraten, gegenübergestellt. Während der Pudel sich durch Fähigkeiten wie das Öffnen von Türen, was er von seinem Herrn gelernt hat, aus dieser Situation befreien und nach Hause laufen kann, endet der Mops Schnick ausgestopft bei Fräulein Ammer. Das Fräulein musste dem Hundefänger, der den Mops, weil der so fett war, geschlachtet hatte, auch noch die Haut des Tieres abkaufen. Hier dient der verwöhnte, verfressene und ungehorsame Mops also als Negativbeispiel und Inbegriff von Faulheit. Faul ist der Mops doch nicht von sich aus. Und so findet die Kritik ihren Adressaten im Menschen, der oftmals fehlgeleitet durch seine Liebe zu dem Tier dazu neigt, es weniger zu *er*ziehen als vielmehr zu *ver*ziehen.

Derart verwöhnt und überfüttert wurde der Mops vor allem im 19. Jahrhundert, als er beim Bürgertum in Mode kam. Dieses menschliche Fehlverhalten wirkte sich dann so weit zu Lasten des Tieres selbst aus, dass es fast schon einer Strafe gleich kam. Es gab Anlass zu allerlei Kritik und Spöttelei, die um 1900 ihren Höhepunkt verzeichnete.

Mehr als ein Jahrhundert zuvor, zu einer Zeit, in der der Mops sein Heim noch in Adelskreisen hatte, schrieb Moritz August von Thümmel (1738–1817) der äußeren Erscheinung und den physiognomischen Qualitäten des kleinen Hundes noch eine ausnehmend positive Wirkung auf seinen Halter und sein Umfeld zu. In seiner humorvollen *Elegie auf einen Mops*[29] spricht das lyrische Ich (s)einem Mops den Dank aus dafür, dass er ihn davor bewahrt habe, „frühzeitig zu veraltern". Dabei werden insbesondere dessen physiognomische Charakteristika wie seine kurzen Ohren, das gelbe Fell und ganz besonders die Falten auf der Stirn des Tieres hervorgehoben, die ihm den Anschein eines Denkers verleihen und den Vergleich mit einem Professor ziehen lassen. Niemand habe ein „philosophischer Gesicht". Wohlwollend beschrieben werden außerdem Eigenheiten und das gewohnte Verhalten des Mopses, der, wohl mit einem Augenzwinkern, als keineswegs geltungsbedürftig geschildert wird. „Der Schnarcher suchte nie, so weit ihn Gottes Erde / Auch trug, daß er bewundert werde, /Ein größres Auditorium." Im Gegenteil, er sei „Kein unbequemer Freund, kein Trunkenbold, kein Fresser, / [...] nicht stolz, nicht zu gemein". Zwar habe der Mops sein Leben durchgeschlafen, doch gelang es ihm dabei, durch das „Grillenspiel" auf seiner Stirn, deren „Runzeln so bescheiden", seinem Herrn ein mahnendes Beispiel, ein „Warnungsbild" zu sein, mit faltiger Stirn nicht vorzeitig zu vergreisen.

Lässt sich Moritz August von Thümmel hier von der Physiognomie des Mopses zu der freundlichen Assoziation von philosophischer Nachdenklichkeit verleiten, so dient dessen äußere Erscheinung anderen Autoren dazu, den Mops zur komischen Witzfigur herabzuwürdigen. Ein Beispiel dafür bietet das 1778 verfasste Gedicht *Der Mops und der Mond*[30] von Joachim Heinrich Campe (1746–1818). In einem Leselernbuch für Kinder begleitet es den Buchstaben „m". Der Hund in diesem Gedicht wird zunächst als „ein dummer fetter Mops" beschrieben. Dieser fällt, als er im Schein des Mondes spazieren geht und einen Graben zu überspringen versucht, „wegen seiner schweren Masse" in den Graben hinein. Er schafft es aus dem Graben wieder herauszukommen, fängt aber dann „ein Schelten an, / [...] / Es solte aber dieses Schelten – / Wem meint ihr wohl? – dem Monde gelten". Der Mond, den der Mops aus unbekannten Gründen für sein Missgeschick verantwortlich macht, aber „[...] fur, als gings im gar nicht an, / lustwandelnd fort auf seiner Himmelsban [...]".

In der Literatur der zweiten Hälfte des 20. Jahrhunderts scheint die Haltung dem Mops gegenüber auch weiterhin sowohl die Standpunkte der Liebhaber als auch der Gegner zu spiegeln. In thematischer Hinsicht werden noch immer die Beziehung von Mensch und Tier sowie die Erscheinung des Hundes aufgegriffen. Dabei darf vielleicht vermutet werden, dass diese Standpunkte, wie etwa der Fall von James Krüss (1926–1997) zeigt, gewissermaßen traditionell und nicht vornehmlich aus Überzeugung vertreten werden, was einige der unter dem Titel *Der wohltemperierte Leierkasten*[31] (1961) versammelten Werke nahelegen:

James Krüss schildert in seinem Gedicht *Der Mops von Fräulein Lunden*[32] in neun gereimten Versen das Schicksal eines Mopses, der vor den Liebesbekundungen des Fräulein Lunden – „Sie pflegte – muss man wissen – / Täglich ihn zu küssen" – Reißaus nimmt. Doch nicht nur deshalb läuft er weg, „Er floh vor Kuss und Schleifen". Und so endet das Gedicht mit einem unzweideutigen Fazit: „Dem Mops sind Küsse Qual, / So lautet die Moral." Mit einem Jahrhundert zeitlichen Abstandes zu Wilhelm Buchs *Die Strafe der Faulheit* änderte sich die Betrachtung der im Grunde gleichen Situation doch dahingehend, dass hier auch die Empfindungen des Hundes nachvollzogen und berücksichtigt wurden.

In der Rolle des wegen seiner Erscheinung verachteten Hundes begegnet uns die Möpsin Frida in James Krüss' Gedicht *Der Windhund Flick von Fleckenstein*[33]. Frida, „[k]rummbeinig, dick und ältlich", mit Berliner Zungenschlag, bringt den „Windhund Flick von Fleckenstein", der nach einem

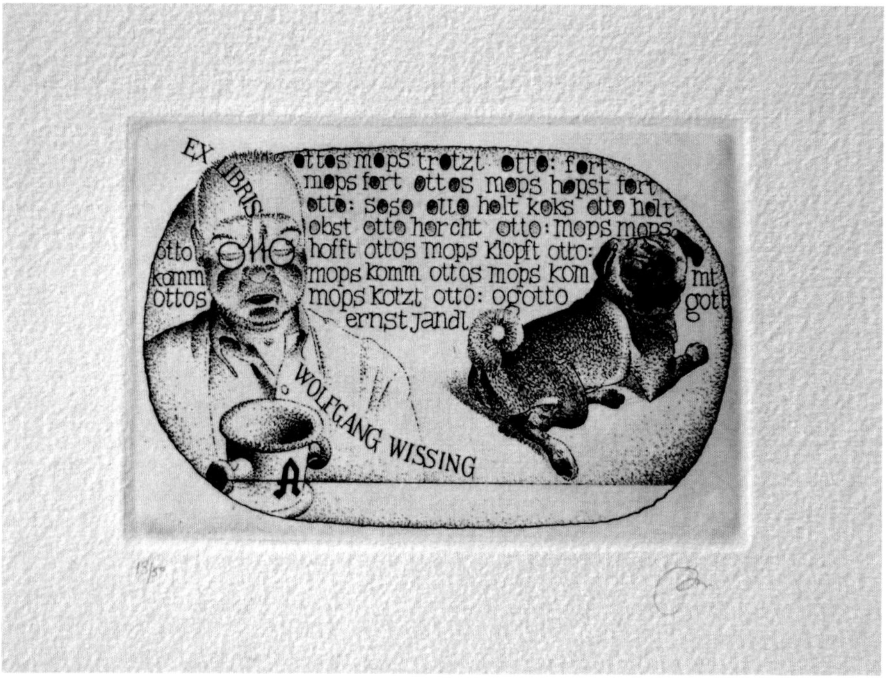

Abb. 3: Erhard Beitz, *Ottos Mops. Ernst Jandl*, Radierung, 2010, Inv. Nr. E 1261.

Blitzschlag vor Schreck das Bewusstsein verloren hat, durch fürsorgliches Glattlecken seines Fells wieder auf die Beine. Als dieser das Bewusstsein wieder erlangt, wird er von der Möpsin „Geduzt wie ihresgleichen. / Und ich muss ihr dankbar sein! / Es ist zum Steinerweichen. // Er ward von dieser Kränkung krank, / Als hätt sie ihn gebissen. / Er starb auf einer Polsterbank / In gelbgestreiften Kissen." Die Möpsin oder ihr Verhalten ihm gegenüber erscheinen dem hochwohlgeborenen Windhund hier demnach so abstoßend, dass er letztlich daran stirbt.

Auch eine Vermenschlichung der Möpse begegnet uns in einem Gedicht von James Krüss: *Wenn die Möpse Schnäpse trinken*[34]. Dieses Gedicht betrachtet den Mops nun in ausschließlich freundlich-unterhaltendem Lichte. „Wenn die / Möpse / Schnäpse / Trinken", steht am Beginn einer ganzen Reihe absurder Konditionalsätze, die letztendlich auf die Schlussfolgerung hinauslaufen: „Dann / Entsteht zwar / Ein Gedicht, / Aber / Sinnvoll / Ist es / Nicht!"

In die Reihe vordergründig heiterer Werke fügt sich dann ein sehr bekanntes Mops-Gedicht aus dem Jahr 1970 von Ernst Jandl (1925–2000): *ottos mops*[35]. Das dreistrophige Sprechgedicht, das erst bei lautem Vortragen seine volle Wirkung entfaltet, fällt zunächst durch zwei stilistische Besonderheiten auf: zum einen durch seine konsequente Kleinschreibung und zum anderen durch die ausschließliche Verwendung eines einzigen Vokales, des im Wort ‚mops' vorkommenden ‚o'. Inhaltlich ist es ein Wechselspiel von Aktionen des Mopses und darauf folgenden Reaktionen von seinem Besitzer Otto. Damit geht es auch hier um die Beziehung zwischen Mensch und Tier. Das Gedicht beginnt damit, dass „ottos mops trotzt", woraufhin Otto mit den Worten „fort mops fort" reagiert und der „mops hopst fort". Der Mops will also nicht so wie sein Herr und dieser schickt ihn darauf hin weg. Otto beschäftigt sich dann anderweitig. Nachdem der besorgte Otto den Mops daraufhin das zweite Mal zu sich gerufen hat, kommt dieser und das Gedicht endet damit, dass „ottos mops kotzt". Ottos Reaktion: „ogottogott". Dass die Reaktion der unwillkürlichen Magenentleerung des Tiers in einem Zusammenhang mit dessen einleitender und unbestimmten Trotzreaktion steht und ein bestehender Konflikt, obwohl der Hund der Aufforderung, zu kommen, Folge leistete, damit noch nicht gelöst ist, bleibt wohl zu vermuten.[36] Von diesem Gedicht lassen sich heute nicht nur Dichter inspirieren, sondern auch Künstler, wie die Radierung von Erhard Beitz (*1955) (Abb. 3) zeigt.

Eine Bildergeschichte, etwa einhundert Jahre nach Wilhelm Buschs *Plisch und Plum* entstanden, ist *Der Mops von Bornholm*[37] von Emanuel Eckardt (*1942), aus dem Jahr 1985. Sie erzählt die *Wahrheit über Morten, den einzigen Mops, der ein großer Sänger war.* In dieser Geschichte zeigt sich noch einmal, dass bestimmte Eigenschaften des Mopses, die von den einen als negativ angesehen werden, von anderen geschätzt werden können. Die Geschichte des singenden Mopses beginnt damit, dass dieser sein Rudel, das mit einer „erstaunliche[n] Anzahl wilder Möpse"[38] in einem versteckten Tal im Norden der Insel Bornholm lebt, wegen seines anrührenden und ein wenig unheimlichen nächtlichen Singens, das die anderen nicht verstehen, verlassen muss. Nach einer schwierigen Zeit allein, mit Hunger und Kälte kämpfend, findet er glücklich Aufnahme im Haus der Witwe Kofoed. Beim allfreitäglichen Musizieren mit drei Freunden der Witwe von der Insel, bemerken diese das Gesangstalent des Mospes Morten (Abb. 4). Sogar ein Musik-Manager wird darauf aufmerksam und will dem Mops daraufhin zu einer europaweiten Karriere verhelfen. Doch der Mops entscheidet sich anders, springt von der Fähre, die ihn „zu Probeaufnahmen nach Deutschland"[39] bringen sollte, und schwimmt zurück nach Hause zur Witwe Kofoed. Das außergewöhnliche Talent des Mopes macht ihn bei seinem Rudel zunächst zum Ausgestoßenen, doch finden andere daran Gefallen.

Ein ganz anderes literarisches Werk aus dem späten 20. Jahrhundert, das weder an der Liebe des Verfassers zu seinen Möpsen noch an der Freude, die

Abb. 4: Emanuel Eckardt, Mops Morten mit Orchester, aus: *Der Mops von Bornholm: Die Wahrheit über Morten, den einzigen Mops, der ein großer Sänger war*, Zeichnung, 1985.

sie ihm bereiten, Zweifel lässt, ist Loriots (1923–2011) *Möpse & Menschen. Eine Art Biographie*[40]. In diesem Werk, welches mit zahlreichen Fotografien und Zeichnungen illustriert den Lebenslauf Vicco von Bülows und seiner Wegbegleiter in Mopsgestalt veranschaulicht, findet sich auch die bekannte Charakterisierung der Tiere: „Möpse sind mit Hunden nicht zu vergleichen. Sie vereinigen die Vorzüge von Kindern, Katzen, Fröschen und Mäusen."[41]

Die vielleicht bekannteste Mops-Dichtung wird in der Regel zu der Melodie von Jean Baptiste Arbans Paganini-Variation Carnivale de Venezia gesungen.[42] Es ist das heute als Kinderlied sehr bekannte: „Ein Mops kam in die Küche / und stahl dem Koch ein Ei, / da nahm der Koch den Löffel / und schlug

Abb. 5: Egbert Herfurth, *Ein Mops kam in die Küche... Exlibris Wolfgang Wissing*, Acrylstich, farbig koloriert, 2011, Inv. Nr. E 1172.

den Mops zu Brei. // Da kamen viele Möpse / und gruben ihm ein Grab, / sie setzten drauf'nen Grabstein / worauf geschrieben stand: / Ein Mops kam in die Küche..."[43] Das Lied, das am Ende immer wieder an seinen Anfang anschließt, kennt viele Varianten. Mal ist der Räuber nur ein Hund, mal schlägt der Koch den Eierdieb mit einem Messer entzwei. Es erfreut sich wohl so großer Beleibtheit, dass auch heute noch weitere Varianten zu derjenigen des unbekannten Verfassers hinzukommen. Darüber hinaus findet es Niederschlag in zeitgenössischen Graphiken. So zeigt der Holzschnitt *Ein Mops kam in die Küche...* von Egbert Herfurth (*1944) einen Mops mit seiner Beute auf der Flucht vor einem holzlöffelschwingenden Koch (Abb. 5). Ein Acrylstich zum selben Thema von Bettina Rulf (*1968) hingegen zeigt den Eierdieb auf einem Tisch sitzend (Abb. 6). Darunter, verborgen unter einer Tischdecke, lauert schon der Tod auf den ahnungslosen Räuber. Auch dieses Lied macht zunächst den Eindruck kurzweiliger Heiterkeit, doch lässt sich hier vielleicht der Bogen schlagen zurück zum Beginn dieser kleinen Zusammenstellung, zu Goethes *Märchen*. Wenn der Mops hier auch nicht wieder zum Leben erweckt wird, nachdem der Koch ihn für den Diebstahl

Abb. 6: Bettina Rulf, *„Ein Mops kam in die Küche... und stahl dem Tod ein Ei.“*, *Exlibris für Wolfgang Wissing*, Acrylstich, 2009, Inv. Nr. E 0991.

eines Eies erschlagen hat, so wird seine Geschichte doch immer wieder aufs Neue erzählt, und er bleibt darin lebendig: „Das Leben eines Mopses endet tödlich, aber niemals. [...] Es geht um Tod, Grab und Auferstehung."[44]

Die Fresslust des Mopses, die den Mops zum *Mopsen* treibt, ist ein Charakteristikum des Tieres, das in der Literatur immer wieder aufgegriffen wird. Die für den Mops typischen Eigenschaften, charakterlicher ebenso wie physischer Art, werden dann entweder negativ ausgelegt, verstärkt und oft auch mit Kritik am Menschen (dem Halter) verbunden oder aber aus der positiven Sicht der Mopsliebhaber beschrieben. Vielfach ist die Figur des Mopses in der Literatur darüber hinaus auch Zeugnis einer intensiven Auseinandersetzung mit der Beziehung zwischen Mops und Mensch. Und beinahe immer sind in einem einzigen literarischen Werk gleich mehrere dieser Aspekte gleichzeitig anzutreffen.

1 Vgl. Lutz Röhrich und Gertraud Meinel, *Das große Lexikon der sprichwörtlichen Redensarten*, Bd. 2: Han – Sai, 3 Bde., Freiburg im Breisgau; Basel; Wien 1992, S. 1049. Vgl. Ursula Hermann, *Herkunftswörterbuch. Etymologie und Geschichte von 10000 interessanten Wörtern*, München 1993, S. 326. Davon ausgehend bedeutet *sich mopsen*: sich langweilen oder ärgern und *mopsig* meint langweilig. (Siehe Meinel / Röhrich 1992, S. 1049.) Vom niederdeutschen *mops*, kommen das englische Verb *to mope* (= Trübsal blasen oder niedergeschlagen sein) und das Nomen *mopes* (= Trübsinn oder Elend). (Siehe Hermann 1993, S. 325.)

2 Vgl. Walter Krämer und Wolfgang Sauer, *Lexikon der populären Sprachirrtümer. Missverständnisse, Denkfehler und Vorurteile von Altbier bis Zyniker*, München 2009, S. 129. Vgl. Dudenredaktion (Hrsg.), *Duden. Das Herkunftswörterbuch. Etymologie der deutschen Sprache*, Bd. 7, Mannheim (u. a.) [4]2007, S. 539. Das niederdeutsche *mopen* gehört zum älter niederländischen *moppen* (= murren oder mürrisch sein). (Siehe ebd.)

3 Vgl. Röhrich / Meinel 1992 (wie Anm. 1), S. 1049.

4 Röhrich / Meinel 1992 (wie Anm. 1), S. 1049. Vgl. ebd., S. 1049.

5 Vgl. Ursula Sierts-Roth und Heinz Tischer, ... WIE DER MOPS IM PALETOT!, in: Deutscher Mopsclub e. V. (Hrsg.), *15 Jahre Deutscher Mopsclub e. V. 1981 – 1996*, [Bad Münstereifel] 1996, S. 106f. [Vgl.: Ursula Sierts-Roth und Heinz Tischer, *Das Constanze Hundebuch*], S. 106.

6 Vgl. Röhrich / Meinel (wie Anm. 1), S. 1050.
7 Rotwelsch ist eine alte deutsche Gaunersprache.
8 Vgl. Hermann 1993 (wie Anm. 1), S. 325. Peter Lückemeier zufolge stammt dieses Synonym aus dem letzten Drittel des 19. Jahrhunderts. In dieser Zeit seien die aus der Mode gekommenen Tiere sehr selten und daher sehr teuer geworden. (Vgl. Peter Lückemeier, Treu wie ein Mops, in: Deutscher Mopsclub e. V. (Hrsg.), *15 Jahre Deutscher Mopsclub e. V. 1981 –1996*, Bad Münstereifel 1996, S. 63–65 [Vgl.: Frankfurter Allgemeine Magazin, 23. Okt. 1983], S. 63.)
9 Vgl. Hermann 1993 (wie Anm. 1), S. 326.
10 Umfangreiche Zusammenstellungen von Texten liefern v. a.: Deutscher Mopsclub e. V. (Hrsg.), *15 Jahre Deutscher Mopsclub e. V. 1981–1996*, Bad Münstereifel 1996, zusammengestellt anlässlich seines 15-jährigen Bestehens, und Felicitas Noeske, *Das Mopsbuch. Mit zahlreichen Abbildungen*, Frankfurt a. M.; Leipzig 2001. Weitere Hinweise zur Literatur sind zu entnehmen: Thomas Krueger, *Mops ! - Eine kleine Kulturgeschichte*, Ausst. Kat., Holzminden 2011, S. 32–37 und S. 47 sowie Andreas Brandtner, Von Spiel und Regel. Spuren der Machart in Ernst Jandls ottos mops, in: Volker Kaukoreit und Kristina Pfoser (Hrsg.), *Interpretationen. Gedichte von Ernst Jandl*, Stuttgart 2002, S. 78f.
11 Johann Wolfgang von Goethe, Das Märchen, in: Johann Wolfgang von Goethe, *Märchen*, Düsseldorf 2009, S. 65–112, S. 83.
12 Ebd., S. 65–112. Vgl. auch (als Auszug) Noeske 2001 (wie Anm. 10), S. 59–67.
13 Frank Thiess, *Der Mops von Edelstein. Betrachtungen über den Sinn des Goethe-Märchens von 1795*, (Akademie der Wissenschaften und der Literatur. Abhandlungen der Klasse der Literatur, Nr. 2, Jahrgang 1976/77), Mainz; Wiesbaden 1977, S. 3.
14 Vgl. Goethe 2009 (wie Anm. 11), S. 75–77.
15 Ebd., S. 77.
16 Ebd., S. 88.
17 Ebd., S. 92.
18 Thiess 1976/77 (wie Anm. 13), S. 3.
19 Vgl. ebd., S. 11 f.
20 Vgl. Heinrich Heine, *Atta Troll. Ein Sommermärchen / Deutschland. Ein Wintermärchen*, bearbeitet von Winfried Woesler, Historisch-kritische Gesamtausgabe der Werke, Bd. 4, Hamburg 1985, S. 7–88.
21 Vgl. ebd., S. 9.
22 Ebd., S. 72.
23 Vgl. ebd., S. 69–74. Zitate: Ebd., S. 73.
24 Vgl. Heinrich Heine, Daß ich dich liebe, o Möpschen, in: Klaus Briegleb (Hrsg.), *Sämtliche Gedichte in zeitlicher Folge*, Frankfurt a. M.; Leipzig [4]1996, S. 208. Vgl.. auch Noeske 2001 (wie Anm. 10), S. 58. Erstmals veröffentlicht 1827 in Heinrich Heines *Buch der Lieder*. (Siehe Krueger 2011 (wie Anm. 10), S. 32.)
25 Vgl. August Heinrich Hoffmann von Fallersleben, Wer ist Schuld daran?, in: Heinrich Gerstenberg (Hrsg.), *Hoffamnn's von Fallersleben Gesammelte Werke. Lyrische Gedichte. Kinderleben. Die vier Jahreszeiten*, Berlin 1891, S. 144 [Erstveröffentlichung Hannover 1855]. Vgl. auch (unter anderem Titel) bei Deutscher Mopsclub e. V. 1996 (wie Anm. 10), S. 83 sowie Noeske 2001 (wie Anm. 10), S. 104f.
26 Vgl. Wilhelm Busch, Plisch und Plum, in: Wilhelm Busch, *Bildergeschichten*, Herrsching 1989, S. 347–408. Vgl. auch (als Auszug) Noeske 2001 (wie Anm. 10), S. 145–151.
27 Vgl. Wilhelm Busch, *Bilderbogen*, München 21982 [Nachdrucke der 1858 bis 1875 erschienenen Bilderbogen], Nr. 431. Vgl. auch Noeske 2001 (wie Anm. 10), S. 90–93.
28 Vgl. Busch 1982 (wie Anm. 29), Nr. 432.
29 Vgl. Moritz August von Thümmel, Elegie auf einen Mops, in: Heinrich Fischer (Hrsg.), *Die Vergessenen. Hundert deutsche Gedichte des XVII. und XVIII. Jahrhunderts*, Berlin 1926, S. 116 f. [gekürzte Fassung].
30 Vgl. Joachim Heinrich Campe, *Neue Methoden, Kinder auf eine leichte und angenehme Weise lesen zu lehren. Nebst einem dazu gehörigen Buchstaben- und Silbenspiel*, Altona 1778, S. 73f. Vgl. Krueger 2011 (wie Anm. 10), S. 35 f.
31 Vgl. James Krüss, *Der wohltemperierte Leierkasten. 12 mal 12 Gedichte für Kinder, Eltern und andere Leute*, München [4]1989.
32 Vgl. ebd., S. 37. Vgl. auch Deutscher Mopsclub e. V. 1996 (wie Anm. 10), S. 58.
33 Vgl. Krüss 1989 (wie Anm. 33), S. 47f.
34 Vgl. ebd., S. 85.
35 Vgl. Ernst Jandl, ottos mops, in: Ernst Jandl, *Der künstliche Baum*, Darmstadt; Neuwied 1970, S. 58. Vgl. auch Deutscher Mopsclub e. V. 1996 (wie Anm. 10), S. 36 sowie Noeske 2001 (wie Anm. 10), S. 137.
36 Vgl. Brandtner 2002 (wie Anm. 10), S. 74–77. Für eine ausführliche Analyse des vielschichtigen Gedichtes siehe ebd., S. 73–87.
37 Vgl. Emanuel Eckardt, *Der Mops von Bornholm. Die Wahrheit über Morten, den einzigen Mops, der ein großer Sänger war*, Frankfurt a. M. 1985. Vgl. auch Krueger 2011 (wie Anm. 10), S. 47.
38 Eckardt 1985 (wie Anm. 39), S. 9.
39 Ebd., S. 47.
40 Vgl. Loriot, *Möpse & Menschen. Eine Art Biographie*, Zürich 1983.
41 Ebd., S. 159.
42 Vgl. Gisa Kossel (Hrsg.), *Ein Mops kam in die Küche. unendliche Variationen*, Oldenburg 2012, S. 211–213. Vgl. (weitere Varianten) auch Deutscher Mopsclub e. V. 1996 (wie Anm. 10), S. 91 sowie Noeske 2001 (wie Anm. 10), S. 121.
43 Kossel 2012 (wie Anm. 44), S. 207.
44 Ebd., S. 207.

MOPS

& Porträt

Mensch und Mops im Porträt

Eine mopsfidele Beziehung

Mirjam Verhey

Die Beziehung zwischen Mensch und Mops ist, zumindest in den Augen der Mopsbesitzenden, nicht vergleichbar mit dem Verhältnis anderer Hundebesitzer zu ihren ‚gewöhnlichen' Vierbeinern. Dem Mops wird ein starker Charakter nachgesagt, den er gezielt dazu benutzt, seinen Menschen um den Ringelschwanz zu wickeln. Der Mops war in der Geschichte nie ein Hund, den man im wörtlichen Sinne als Nutztier bezeichnen konnte. An adeligen Höfen war er zu finden: nicht in jagenden oder hütenden Meuten[1], sondern als Schoßhund, der zur Belustigung und als Gesellschaft diente.

Um die Beziehung zwischen dem Mops und seinen zumeist dem Adel oder dem Bürgertum entstammenden Besitzern ranken sich zahlreiche Anekdoten und Legenden. So rettete Mops ‚Pompey' sein Herrchen Wilhelm I. von Oranien (1533–1584) vor einem tödlichen Attentat.[2] Sein französischer Artgenosse ‚Fortuné' mischte sich in die Hochzeitsnacht seiner Besitzerin ein. Dabei biss er den frischangetrauten Gatten ins Bein. Bei den jung Vermählten handelte es sich um niemand Geringeren als Joséphine de Beauharnais (1763–1814) und Napoléon Bonaparte (1769–1821). Fortuné soll bereits früher seiner Besitzerin treu ergeben gewesen sein: Während Revolutionäre Joséphine in Gefangenschaft hielten, soll der Mops für sie geheime Nachrichten transportiert haben.[3]

Allerdings fiel der Mops als Rassehund bei Hofe und später auch beim Bürgertum in Ungnade und die Möpse wurden in ganz Europa immer seltener. In der zweiten Hälfte des 19. Jahrhunderts galt er sogar als der ‚Antihund'.[4]

Die englische Königin Victoria (1819–1901) besaß neben zahlreichen Windhunden, Dackeln, Spitzen, Collies und anderen Rassehunden auch geschätzte 38 Möpse. Den ersten Mops bekam sie wahrscheinlich 1845 geschenkt. Einige von ihnen waren russisch benannt, hießen beispielsweise Minka oder Olga, denn sie waren vermutlich Nachfahren eines Mopses, den die Queen aus Russland geschenkt bekommen hatte. Victoria ließ ihre Hunde in zahlreichen Fotografien verewigen. Dabei ist zu vermuten, dass die Tiere nicht nur bei der Queen selbst, sondern auch bei den Fotografen sehr beliebt waren.[5]

Einer Anekdote zufolge sandte die Königin Bedienstete aus, um gut geratene Exemplare des Mopses für ihren Zwinger zu erwerben. Da der Mops jedoch in den adeligen Kreisen Englands längst nicht mehr populär war, wurde man erst bei älteren Damen in Deutschland fündig. Diese schlugen jedoch die hohe Summe, die ihnen für die Tiere geboten wurde, aus und behielten ihre Möpse.[6]

Als weitere royale Mopsbesitzer sind die französische Königin Marie-Antoinette, Marie Jeanne, Comtesse du Barry und Mätresse Louis XV.[7] und in jüngerer Zeit der Schah von Persien, die fürstlichen Staatsoberhäupter von Monaco und Gloria Fürstin von Thurn und Taxis zu nennen. Nichtadelige, aber trotzdem nicht weniger bekannte Mopsbesitzer und -liebhaber sind zahlreich: Literat Heinrich Heine, Pop-Art-Künstler Andy Warhol, Komödiant Loriot, Designer Valentino[8] und Schriftstellerin Elke Heidenreich, um nur einige zu nennen. Auffällig ist, dass der Ringelschwanzträger besonders in akademischen und künstlerischen Kreisen sehr beliebt ist. Der Mops war schon frühzeitig durch seine rassespezifischen Charaktereigenschaften ein beliebter Hund für Individualisten und Menschen, die viel Wert auf die Präsentation ihrer Persönlichkeit legten.[9]

Ab dem 17. Jahrhundert werden Möpse auf Porträts zumeist adeliger oder dem aufstrebendem Bürgertum angehörender Damen und Kinder mit abgebildet.[10] Élisabeth Philippine Marie Hélène de Bourbon (genannt Madame Élisabeth, Schwester Louis XVI.) wurde als Kind von dem französischen Maler Joseph Ducreux (1735–1802) mit einem Mopswelpen porträtiert (1768, Schloss Versailles) und auch Antoine Pesne (1683–1757) porträtierte seine beiden Töchter und sich selbst mit Mops vor einer Staffelei (1754, Gemäldegalerie in Berlin). Die Liste der Künstler, die den Mops in ihren Porträts als Attribut des Menschen nutzten ist lang; zu ihr gehören unter anderem: James Tissot, Charles Burton Barber, Farncisco Goya, Louis-Michel van Loo.

Das wohl bekannteste Porträt eines Menschen mit seinem Mops ist das 1745 entstandene Selbstporträt *Der Maler und sein Mops* von William

Abb. 1: William Hogarth, *Der Maler und sein Mops*, Öl/Leinwand, 1745, London, Tate Gallery.

Hogarth (1697–1764) (Abb. 1). Hogarth gilt als einer der Begründer der modernen Karikatur. Mit seiner Kunst beeinflusste der englische Maler und Graphiker die satirische und kritische Graphik bis ins 19. Jahrhundert hinein.[11] Hogarth erhielt dabei nicht nur Ovationen, sondern auch harsche Kritik. Auf negative Reaktionen und Anfeindungen seiner Widersacher ließ Hogarth seinen Mops ‚Trump' in den Bildtexten antworten.[12] Bemerkenswert ist, dass sich auch bei Hogarth der Mops, wie im Falle des Fürsten von Oranien und Joséphine de Beauharnais, mutig vor seinen Besitzer stellt und ihn gegen Feinde verteidigt.[13]

Als ein Porträt im Porträt stellt sich Hogarth selbst dar. Im Brustbildnis schaut der Künstler seinen Betrachter von einer ovalen Leinwand aus an. Umfangen wird sein Bildnis von einem ausladenden dunkelgrünen Tuch. Das Gemälde steht auf einem Stapel von Büchern. Dass es sich um ein Gemälde im Gemälde handelt, wird erst durch die goldene Schattierung deutlich, die Raum schafft und das Gemälde von dem Hintergrund abhebt.

In der linken Bildecke liegt eine hölzerne Farbpalette mit der Inschrift „The LINE of BEAUTY And GRACE“, der Künstlersignatur und einer Datierung „W.H. 1745“. Das Malerutensil verweist direkt auf den Beruf des Abgebildeten. Zur Rechten des Porträts sitzt ein Mops. Anders als die meisten heutigen Möpse hat Hogarths Mops eine lange Schnauze, einen schmalen Körperbau und ist sehr langbeinig. William Hogarth porträtiert den Mops genauso groß, wie sich selbst, jedoch befinden sie sich in unterschiedlichen Realitätsebenen, da der Mensch als Bild im Bild in Erscheinung tritt und der Mops in der Bildrealität vor dem Porträt seines Herrchens sitzt. Die zwei Ebenen verdeutlichen die beiden Seiten der Künstlerpersönlichkeit Hogarths. So erscheint er zum einen als Handwerker und zum anderen als Intellektueller, der sich durch sein Denken angreifbar macht und sich und sein Werk im wirklichen Leben durch den Mops vor Angriffen verteidigen lässt.

Auch im 20. und 21. Jahrhundert inszenieren sich private Sammler und Kunstliebhaber, darunter auch bekannte Persönlichkeiten, in Porträts mit Möpsen. Ein neues Darstellungsmedium ist hinzu gekommen: Man lässt sich nicht mehr nur in Malereien und Graphiken darstellen, sondern nutzt nun auch die Fotografie.

Einer der privaten Auftraggeber ist der Apotheker Wolfgang Wissing (*1947). Wissing lies zahlreiche druckgraphische Porträts seines Mopses ‚Darwin‘ (*2008) anfertigen. Jedoch wird nicht nur Darwin dargestellt, sondern Wissing lässt auch sich selbst und seine Ehefrau Evelyn (*1948) mit dem Rüden porträtieren. Es handelt sich bei den für Wissing gefertigten Werken durchweg um Arbeiten junger deutscher Künstler.

In ihren Porträts thematisiert die Künstlerin Annette Fritzsch (*1961) die besondere Beziehung zwischen dem Ehepaar Wissing und ihrem Mopsrüden Darwin (Abb. 2a und 2b). In der Tradition des Kniestücks werden jeweils Evelyn und Wolfgang Wissing mit dem Mops dargestellt. Sowohl auf dem Schoß Evelyns, als auch Wolfgangs sitzt Rüde Darwin. Das wichtigste Detail fällt jedoch durch die Kolorierung erst auf den zweiten Blick auf: das Krönchen. Gemeinsam abgebildet mit Wolfgang Wissing trägt Mops Darwin die goldene Krone auf dem Kopf. Aufrecht sitzt der kleine Rüde auf dem Schoß seines Besitzers und hält den Betrachter fest im Blick. Er wird durch den Oberkörper Wissings hinterfangen. Die Arme des Menschen sind locker um ihn gelegt. Die Interaktion zwischen Schoßhund und Mensch fehlt, da Darwin sein Herrchen kaum beachtet. Die kerzengerade Sitzhaltung Darwins macht deutlich, dass der Rüde Wolfgang Wissing als willkommene Sitzgelegenheit benutzt und regelrecht auf seinem Besitzer thront.

Abb. 2a: Annette Fritzsch, *EXLIBRIS EVELYN WISSING*, zweifarbiger Linolstich, 2010, Inv. Nr. E 1277.

Anders ist der Bezug des Tieres zu seiner Besitzerin. Darwin darf zwar auch hier auf dem Schoß seines Frauchens sitzen, wird jedoch von ihr nicht beachtet. Evelyn Wissing sitzt aufrecht, sie hält ihren Kopf gerade und fokussiert ihren Betrachter. Ihre Arme ruhen parallel zueinander auf den Oberschenkeln, zwischen ihnen hockt der Rassehund. Darwins ungeteiltes Interesse gilt Evelyn: Mit über den Rücken nach hinten verdrehtem Kopf versucht er, ihr von unten in das Gesicht zu schauen; er vergöttert sie regelrecht. Sie hingegen scheint von dem Tier keine Notiz zu nehmen. Die Krone sitzt auf ihrem Kopf.

Bei beiden Porträts befindet sich im Hintergrund Architektur, eine Art Empore, auf der je eine in Gelb ausgeführte stehende Person angedeutet ist. Die Figuren bestehen nur aus Umrissen, es sind an ihnen keine genauen Details zu erkennen. Jedoch tragen sie beide eine Krone auf dem Haupt. Die gelbe Figur auf der Seite Wolfgang Wissings trägt das gleiche kleine

Abb. 2b: Annette Fritzsch, *EXLIBRIS WOLFGANG WISSING*, zweifarbiger Linolstich, 2010, Inv. Nr. E 1277.

Prinzessinnenkrönchen wie seine Frau in ihrem Porträt. In der Umkehr trägt die Hintergrundfigur auf der Seite Evelyns eine identische Krone wie Darwin auf dem Porträt mit seinem Herrchen.

Annette Fritzsch benutzt die Krone nicht etwa, um royale Abstammung darzustellen, sondern zeigt, wer in der Dominanz-Hierarchie zwischen Mensch und Mops die überlegene Rolle einnimmt. Dass Darwin die Krone in dem Porträt mit Wolfgang Wissing zu Recht trägt und damit auch in der Beziehung federführend ist, wird deutlich durch die aufrechte Haltung und die Annäherung des männlichen Körpers an ein Sitzmöbel, auf dem der Mops wie ein kleiner König sitzt.

Im Kontrast dazu nimmt Evelyn Wissing in ihrem Porträt eine aufrechte Haltung ein, die identisch ist zu der des Tieres im Porträt ihres Mannes. Auch spricht Darwins Bemühung, die Aufmerksamkeit seines Frauchens zu erlangen, Bände. Hier hat die Frau die Regentschaft über den Mops und lässt sich nicht von ihm manipulieren und zum Untertan degradieren. Sie wird von dem Tier verehrt. Darwin stellt damit die Hierarchie im Wissingschen Mops-Menschen-Rudel klar: an erster Stelle das Frauchen, an Platz zwei der Mops und der letzte in der Reihe ist Herrchen Wolfgang.

Die Manipulation durch den Mops wird jedoch von dem Besitzer nicht (zwangsläufig) als negativ empfunden. Augenzwinkernd wird Wolfgang Wissing hier mit der von ihm sehr geschätzten Zigarre dargestellt. Sie trägt zu seinem Wohlbefinden ebenso bei wie das Zusammenleben mit dem Mops, egal, wie sehr dieser die Beziehung dominiert. Die bekrönten Schemen im Hintergrund der Porträts weisen auf den jeweilig anderen Ehepartner hin. Die Krone ist dabei ein Zeichen der Liebe zueinander und verkörpert die von den Eheleuten empfundene emotionale Wichtigkeit des Gegenübers.

Als mögliches Vorbild für das Porträt Wolfgang Wissings mag ein fotografiertes Porträt Vicco von Bülows (1923–2011) der Künstlerin Isolde Ohlbaum aus dem Jahr 2008 gedient haben (Abb. 3). Der in die Jahre gekommene Vicco von Bülow, besser bekannt als Loriot, umschließt mit beiden Armen seinen Mopsrüden ‚Paul'. Verschmitzt lächelt Loriot den Betrachter an, stützt sein Kinn auf den Kopf des Mopses, während Paul seine Vorderbeine auf die verschränkten Arme seines Herrchens legt. Vier Parallelen sind zwischen den beiden Porträts zu finden. Zum einen sind sowohl Wissing als auch der Komödiant als Brillenträger dargestellt. Des Weiteren berühren beide Herren mit dem Kinn ihren Mops. Während Loriot sein Kinn an das Ohr Pauls legt, berührt Wissing die Krone Darwins mit der Unterseite seines Kinns. Wie Darwin sitzt auch Paul zwischen den verschränkten Armen seines Herrchens. Die vierte Übereinstimmung sind die Arme selbst: Durch das Aufkrempeln des Hemdes sind sowohl Loritos als auch Wolfgang Wissings Arme nackt. In beiden Fällen werden die Unterarme dadurch deutlich betont und wirken wie eine Barriere zwischen Mops und Betrachter. Unterschiedlich sind jedoch die Kopfhaltungen. Vicco von Bülow wird in der Frontalansicht fotografiert. Diese Darstellungsweise ist bei Wissing jedoch nicht sinnvoll, da Wissings Porträt ein Pendant zu dem seiner Ehefrau ist und so direkt mit diesem korrespondiert. Durch die Anlehnung an das Bildnis Loriots stellt Annette Fritzsch ihr Werk in die Nachfolge des vermutlich berühmtesten zeitgenössischen Mopsliebhabers und betont so die Wissingsche Passion zum Mops.

Wenden wir uns einer anderen Graphik zu: Ein dicker Herrscher sitzt zurückgelehnt auf seinem Thron. Die herrschaftliche Sitzgelegenheit steht auf einem hohen Podest, zu dem zahlreiche Treppenstufen hinauf führen und weckt Assoziationen mit dem Aachener Karlsthron. Der Gebieter wird

Abb. 3: © Isolde Ohlbaum, *Porträt Vicco von Bülow*, Fotografie, 2008.

durch die Krone auf seinem Kopf als Kaiser ausgezeichnet und blickt den Betrachter unvermittelt an. Mit kurzer Leine und Halsband bindet er einen Untergebenen, der auf Ellenbogen und Knien gestützt neben seinem Thron kauert, an sich. Andreas Raub (*1967) stellt in seinem Werk *The Emperor* keine menschenverachtende Szene des Mittelalters dar, sondern karikiert die Beziehung zwischen Herrn Wissing und seinem Mops (Abb. 4). Denn um den Mops handelt es sich bei dem untersetzten, rundlichen Herrscher, der sich in menschlicher Körperhaltung auf den Thron fläzt. Der Thron selbst weißt durch ein Wurst-Relief anstelle eines Adelswappen, auf die kulinarischen Vorlieben des Hundes und damit auf den herrschenden Mops hin. Apothekerkittel, Frisur und Brille weisen den angeleinten Menschen als Wolfgang Wissing aus. Neben dem Hundehalsband und der Leine scheint Wissing auch durch Hand- und Fußfesseln eingeschränkt zu werden. Bei genauem Hinsehen entpuppen sich diese Fesseln als die Aufschläge des Kittels und der Herrenhose, die Wissing unter der Arbeitskleidung trägt und doch

Abb. 4 Andreas Raub, *The Emperor. EX LIBRIS WOLFGANG WISSING*, Radierung, 2012, Inv. Nr. E 1250.

ist der Verweis deutlich: Der Mensch wird durch den Mops kontrolliert, kann keinen Schritt ohne Hundebegleitung tun und wird durch den Mops sogar körperlich eingeschränkt. Trotzdem begehrt Wissing nicht gegen den Hund auf, sondern erträgt devot sein Schicksal. Die sich in greifbarer Nähe befindende gefüllte Zigarrenkiste schaut Wissing weder an noch berührt er sie. Die Tabakwaren wirken wie besondere Leckerbissen, deren Genuss dem Zigarrenliebhaber Wissing durch den Mops-Kaiser untersagt ist. Genau wie in Annette Fritzschs Stich ist auch bei Andreas Raub völlig klar, wer der Dominante in der Mensch-Hund-Beziehung ist: der Mops. Raub geht in seiner Aussage sogar noch einen Schritt weiter: Durch die Benennung des Werks mit dem englischen Wort für Kaiser stellt er den Mops auf die allerhöchste Stufe der Adelshierarchie. Das bedeutet, dass nun kein weltlicher Herrscher – und erst recht kein Mensch – größer sein kann als der Mops.

Abb. 5: Susanne Theumer, *Der wahre Herrscher*, Radierung, 2009, Inv. Nr. E 1278.

Auch Susanne Theumers (*1975) Graphik *Der wahre Herrscher* reiht sich in die Liste der Porträts ein, die die Beziehung zwischen Wolfgang Wissing und Rüde Darwin thematisieren (Abb. 5). Der Titel verrät bereits, dass es sich bei dieser Darstellung nicht um ein herkömmliches Porträt handelt. Hier ist es nicht der Mops, der auf dem Schoß seines Besitzers Platz genommen hat, sondern umgekehrt: Der rauchende Darwin sitzt aufrecht und nimmt, im Hüftbild abgebildet, zwei Drittel der Graphik ein. Der Kopf ist der knautschige eines Mopses, sein Oberkörper ist allerdings menschlich. Einen Arm hat er auf seinem Schoß aufgestützt, der andere ist um den verhältnismäßig kleinen Wolfgang Wissing gelegt. Beide blicken in die gleiche Richtung. Der Mops trägt ein Hemd mit Schal, das er an den Armen hochgekrempelt hat, und raucht die für Wissing charakteristische Zigarre.

Im Schoß des Mopses ruht allerdings keine Miniatur bzw. mopsgroße Figur seines Besitzers, sondern Wolfgang Wissing ist lediglich als Torso dargestellt.

Abb. 6: Eva Aulmann, *Wissing als Mops porträtiert. EXLIBRIS WOLFGANG WISSING*, Radierung, 2009, Inv. Nr. E 1281.

Die Ähnlichkeit des Porträts zu dem von Annette Fritzsch legt nahe, dass auch hier die Aussage identisch ist. Der Mops ist der wahre Herr in der Beziehung und Wissing ist ganz klar ‚sein' Mensch. Anders als bei Fritzsch wurde dem Mops hier keine Krone überlassen, sondern es scheint, als habe er das Zepter in Form der Zigarre an sich gerissen. Auch wirken die Köpfe der beiden Porträtierten wie angeschraubt und abnehmbar, was die Idee des Rollentausches in Form des Kopftausches hervorhebt. Wolfgang Wissing ist lediglich seine Brille geblieben, die anderen Attribute wie Kleidung, Zigarre und der menschliche Körper sind von seinem Haustier übernommen worden.

Das Porträt eines lesenden Mopses, der mit der Lesebrille auf der – für einen Mops ungewöhnlich langen – Nase in dem Buch *Über die Entstehung der Arten* des englischen Naturwissenschaftlers Charles Robert Darwin (1809–1882) liest, stammt von Eva Aulmann (*1972) (Abb. 6). Ohne den Titel der Graphik zu kennen, scheint hier ganz wörtlich Darwin Darwin zu lesen, quasi Namensvettern unter sich. Mit freundlicher Satire wird hier die Ironie der Mopsexistenz angesprochen. Denn der Mops ist das beste Beispiel für eine künstlich veränderte Hunderasse. Man denke allein an seine im Laufe der Zeit stark verkürzt gezüchtete Nase. Aber dieser Mops besitzt ein erstaunlich definiertes Nasenbein. Auch seine Augen sind nicht so groß und rund – von dem Mops nicht zugetanen Menschen als Glubschaugen, gar glotzend bezeichnet – wie die Augen eines reinrassigen Mopses, sondern mandelförmig. Die Stirn des Hundes ist erstaunlich glatt im Vergleich zu den faltigen und gefurchten Stirnpartien seiner Artgenossen. An den seitlichen Bildrändern greifen fingerähnliche Pfoten das Buch, in dem der Mops liest. An der rechten Pfote kann man auch einen Teil des Vorderbeins erkennen, das in einem weißen Hemdsärmel steckt. Der Mops ist geradezu menschlich.

Folglich handelt es sich hier nicht um einen herkömmlichen Mops, sondern um eine humane Variation des Mopses, genauer *Wissing als Mops porträtiert* (2009).[14] Mit diesem Wissen sind die menschlichen Gesichtszüge des Mopses noch offensichtlicher. Das tierische Porträt Wissings deutet die persönliche Identifizierung des Porträtierten mit den positiven Eigenschaften des Mopses (zum Beispiel Gemütlichkeit und Geselligkeit) an.

Im 19. Jahrhundert war der Mops als beliebtes Schoßtier alter Jungfern berüchtigt.[15] Man warf ihm vor, er sei verhätschelt, launenhaft und unartig, gar „jedem vernünftigen Menschen ein Greuel".[16] Auch Wilhelm Busch (1832–1908) verurteilte den Mops und erklärte in seinem *Naturgeschichtlichen Alphabet* abfällig: „Der Mops ist alter Damen Freude".[17] In einigen Köpfen hat sich diese Vorstellung bis heute gehalten.

So spielt auch Rainer Ehrt (*1960) in seiner Radierung *Tödin mit Mops auf dem Schoß* (2010) mit eben diesem Stereotyp (Abb. 7). Der kleine wachsam

Abb. 7: Rainer Ehrt, *Tödin mit Mops auf dem Schoß. Exlibris für Wolfgang Wissing*, Radierung, 2010, Inv. Nr. E 1108.

Abb. 8: Rainer Ehrt, *Möpse, Frau und Tod. Exlibris für Wolfgang Wissing*, Radierung, 2010, Inv. Nr. E 1109.

dreinschauende Mops hat auf dem Schoß einer alten Dame Platz genommen. Die alte Dame, die älter kaum sein kann, denn es handelt sich bei ihr bereits um ein Skelett, namentlich eine Tödin[18], ist in Form eines Kniestücks dargestellt. Aber auch ihre Kleidung weist sie als eine Dame fortgeschrittenen Alters aus: Auf ihrem Kopf trägt sie einen großen Hut mit ausladender Krempe, Blumenbouquet und buschiger Feder. Um ihre Schultern liegt eine Fellstola. Darunter ist sie mit einer am Hals gerüschten Bluse und einem schlichten Rock bekleidet. An ihrem Hals liegt ein altmodisches Halsband. Während eine ihrer knochigen Hände geistesabwesend den Mops in ihrem Schoß krault, hält sie in der anderen klischeeerfüllend ein kleines Likörgläschen. Ehrt überspitzt in dieser Darstellung einer Dame mit ihrem Mops die gesellschaftliche Beziehung einer gut situierten, zu Dekadenz neigenden älteren Dame zu ihrem Schoßtier.

Nicht nur in diesem Werk spielt Rainer Ehrt mit den weitläufigen Assoziationen zu Möpsen. In der deutschen Sprache wird der Plural des Wortes

Mops auch salopp gebraucht, um die weibliche Brust zu benennen. Ehrts Stich *Möpse, Frau und Tod* zeigt eine nackte junge Frau, die mit angewinkelten und gleichzeitig gespreizten Beinen auf dem Boden sitzt. Drei Möpse verdecken durch ihre Körper die primären und sekundären Geschlechtsmerkmale der Frau. Von hinten nähert sich der Tod. Er scheint sein knochiges Gesicht an ihre Wange zu schmiegen. Zwei Möpse kuscheln sich unter dem Achselbereich der Dame an ihren jungen Köper. Mit ihrer rechten Hand umfasst die Frau den Bauch des linken Mopses, wohingegen der Tod den anderen Mops regelrecht an sie presst. Ein dritter Mops hat sich unter ihr rechtes angewinkeltes Bein geschoben.

Ehrt spielt mit der doppeldeutigen Eigenschaft des Wortes Mops. Die Nennung des Plurals im Titel und die Nacktheit der Frau lassen Anzügliches erwarten. Auch der Tod bringt durch sein Anschmiegen an die junge Frau und den Griff an den Mops ein erotisch geladenes Moment mit in das Werk. Die gebogene Haltung, die der vom Tod gehaltene Mops am Körper der Frau einnimmt, suggeriert ein grobes Zupacken des Todes. Durch diesen Eindruck der Gewalt erinnert *Möpse, Frau und Tod* an die klassischen *Tod und Mädchen*-Darstellungen, wie wir sie zum Beispiel aus dem *Berner Totentanz* von Niklaus Manuel Deutsch (1484–1530) oder aus Werken Hans Baldung Griens (1484–1545) und Barthel Behams (1502–1540) kennen.

Doch sind es genau die dem Titel etwas Zotiges verleihenden Möpse, die der Radierung die erotische Schärfe nehmen. Zum einen bedecken sie die Geschlechtsmerkmale der Frau, zum anderen ist der rechte Mops auch ein ‚Puffer' zwischen der fordernden Hand des Todes und der weiblichen Brust. Auch der auf dem Boden zwischen ihren Beinen liegende Mops nimmt eine beschützende Funktion ein: Er hindert den Betrachter daran, einen Blick auf die bloße Scham der Frau zu werfen. Den Möpsen ist ihre Rolle als Sittenwächter durchaus bewusst, denn sie schauen den realen und auch imaginären Betrachter mit einem selbst für einen Mops außergewöhnlich mürrischen Blick an.

Im Laufe der Zeit wandelte sich die Stellung des Mopses im Porträt. War er im Porträt des 17. und 18. Jahrhunderts nur schmückendes Beiwerk seines Besitzers, änderte sich seine Aufgabe spätestens in den Arbeiten Hogarths. Mops Trump nahm eine gleichgewichtige Stellung ein, war im Porträt sogar gleich groß wie der porträtierte Hogarth dargestellt und wurde zum Verteidiger seines Herrchens. Aus dem Porträtgenre galt der Mops lange als verschwunden, doch in den vergangenen zehn Jahren erlebten Möpse nicht nur in der Kunst eine wahre Renaissance. Die von Wolfgang Wissing in Auftrag gegebenen Werke gehen in der Gewichtung des Mopses im Porträt noch eine Stufe weiter, denn hier ist Mops Darwin der eigentlich Porträtierte.

Nicht mehr der Mops ist der Begleiter, sondern der Mensch wird zum Attribut des Tieres und beiläufig neben dem Hund dargestellt. Rückblickend könnte man den Titel dieses Beitrags also durchaus im Sinne des Mopses umgestalten in „Mops und Mensch im Porträt. Eine mopsfidele Beziehung".

1 Vgl. Wolfgang Saal und Frithjof Schwartz (Hrsg.), *der mops - ein kunstwerk, the pug - an artwork, le carlin - une oeuvre d'art*, Ausst. Kat., Trier 2008, S. 5.

2 Vgl. Inge Weßling, *Mops. Auswahl, Haltung, Erziehung, Beschäftigung*, Stuttgart 2011, S. 9.

3 Vgl. Caroline d'Arjuzon, *Hortense de Beauharnais*, Paris 1867, S. 60. Auch der Schriftsteller Anthony Burgess erwähnt Fortunés Treue während der Gefangenschaft in seinem Werk Napoleonsymphonie (New York 1974).

4 Vgl. Saal / Schwartz 2008 (wie Anm. 1), S. 7.

5 Vgl. Sophie Gordon, *Königliche Hunde. Von der Liebe des Britischen Königshauses zu seinen treusten Begleitern. Aus der Royal Photograph Collection*, München 2009, S. 107.

6 Vgl. Weßling 2011 (wie Anm. 2), S. 12.

7 Vgl. Emanuel Eckhardt, Der Mops als Sonnenkönig. Kulturgeschichte einen Beutegreifers, in: Thomas Krueger, *Mops! – Eine kleine Kulturgeschichte. Brevier zur Sonderausstellung im Museum im Schloss*, Holzminden 2011, S. 7–15, S. 9.

8 Vgl. Eckhardt 2011 (wie Anm. 7), S. 11.

9 Vgl. Saal / Schwartz 2008 (wie Anm.1), S. 5.

10 Vgl. Thomas Krueger, *Mops! – Eine kleine Kulturgeschichte. Brevier zur Sonderausstellung im Museum im Schloss*, Holzminden 2011, S. 21.

11 Vgl. Wolf Stadler, *Lexikon der Kunst. Malerei, Architektur, Bildhauerkunst*, Bd. 6, Hert-Klap, Eggolsheim 1987, S. 52.

12 Vgl. Saal / Schwartz 2008 (wie Anm. 1), S. 5.

13 1763 fertigte Hogarth das Porträt *The Bruiser, Der Boxer oder Charles Churchill als Bär* an, mit dem er sich gegen ein von dem Geistlichen Churchill verfasstes Schmähgedicht rächt. Neben Churchill, der als ein dem Alkohol zugetaner Bär dargestellt wird, ist auch Trump zur Stelle, der mit einem verächtlichen Ausdruck seine Pfote auf ein Papier mit den Schmähungen gegen seinen Herrn stellt. Vgl. hierzu Herwig Guratzsch (Hrsg.), *William Hogarth. Der Kupferstich als moralische Schaubühne*, Stuttgart 1987, S. 232. In Hogarths Zyklus *A Rake's Progress* (1735) erzählt Hogarth die Geschichte des reichen Erben Tom Rakewell, der auf finanzielle und moralische Abwege gerät. Aus finanziellen Gründen heiratet Rakewell eine reiche Alte (Plate 5). Bei der Darstellung dieser Hochzeit benutzt Hogarth eine einäugige alte Hündin und einen Mopsrüden, die an prominenter Stelle im Bild die ungleichen Eheleute karikieren.

14 Charles Darwins Geburtstag jährte sich 2009 zum 200. Mal und gab damit wohl auch Anlass für die Entstehung des Exlibris.

15 Vgl. Krueger 2011 (wie Anm. 10), S. 39.

16 Zitiert nach Krueger 2011 (wie Anm. 10), S. 39.

17 Ebd., S. 36.

18 Per definitionem ist eine „Tödin" eine weibliche Personifikation des Todes. Vermehrt tritt sie seit dem 16. Jahrhundert auf. Vgl. hierzu Sabrina Pompe, Frau Tod, in: Stefanie Knöll, *Frauen - Sünde - Tod*, Düsseldorf 2010, S. 93–100.

MOPS

& Tod

Wie der Tod auf den Mops kam
Eine ungewöhnliche Themenkombination

Jennifer Liß

Der Mopsorden des 18. Jahrhunderts mag Geschichte sein (Zum Mopsorden vgl. S. 27), doch der Mops selbst erlebt dieser Tage eine große Renaissance. Und auch ein ihm fernes Thema, der Tod in Form eines Skelettes oder Schädels, prangt heute auf Kleidung, Büchern, Deko-Artikeln und einer Unzahl weiterer Objekte. Eine Kombination dieser beiden Motive ist jedoch äußerst ungewöhnlich. Sie begegnet uns in zahlreichen Exlibris, die der Apotheker und Mopsliebhaber Wolfgang Wissing in Auftrag gegeben hat. Im Jahr 2008 zog der Mopsrüde Darwin bei Wissings ein. Von da an wurde der Mops immer wieder in die Exlibris-Graphiken, deren vorherrschendes Thema bislang der *Tod* gewesen war, integriert.

Exlibris sind Bucheignerzeichen. Gebräuchlich sind sie seit dem 15. Jahrhundert. Anfangs waren es vor allem Adelige und das gehobene Bürgertum, die ihre Bücher durch das Einkleben von Exlibris vor Diebstahl schützen wollten, doch auch andere Stände schlossen sich bald an.[1] Der vom lateinischen *Ex libris* (dt. aus den Büchern) stammende Begriff bezeichnete demnach zunächst eine reine Gebrauchsgraphik. Spätestens im 19. Jahrhundert emanzipierte sich das Exlibris aber auch zum Sammelobjekt und damit „vom Erzeugnis der angewandten Grafik zum Kunstwerk“[2]. Mit diesem Wandel stieg die Zahl der unterschiedlichen Exlibris, die der einzelne Bucheigner anfertigen ließ, da sie neben ihrem ursprünglichen Zweck auch zum Tauschen, Sammeln und Verschenken gedacht waren. Zeugnis für dieses neuartige Interesse an den Bucheignerzeichen legt zum Beispiel die Gründung der *Deutschen Exlibrisgesellschaft (DEG)* im Jahre 1891 ab.[3]

Abb. 1: Thomas Löhning, *Mops und Tod I. Exlibris für Wolfgang Wissing*, aus: *Mops und Tod*, Radierung, 2009, Inv. Nr. F 1721.

Ein Werk wie Thomas Löhnings (*1973) *Mops und Tod I. Exlibris für Wolfgang Wissing* (Abb. 1) zeigt allein schon durch seine Maße (Blattmaß 327 x 253 mm, Platte 197 x 148 mm), dass es eher zum Tauschen und Verschenken als zum Einkleben in ein Buch gedacht ist. Blätter dieser Art werden daher manchmal als „Luxusexlibris“[4] bezeichnet. Die Radierung zeigt in Halbfigur einen elegant in Anzug und Zylinder gekleideten Mann, dessen Kopf aber der eines Mopses ist. Mit Brille, Zigarre und Weinglas ausgestattet lehnt er an einem Fenster oder einem Spiegel, in dem sein Abbild durch das eines identisch gekleideten Skeletts ersetzt wurde. Während dieses ihn mit müden Augen beobachtet, blickt der Mops selbst über die runden Gläser seiner Brille hinweg den Betrachter an und bemerkt sein Spiegelbild nicht.

Ein ähnlicher Mops taucht auch in dem Blatt *Mops und Tod II. Exlibris für Wolfgang Wissing* (Abb. 2) auf, welches horizontal in zwei Hälften geteilt ist. In der oberen Hälfte sitzt der Zigarre rauchende Mops mit einem

Abb. 2: Thomas Löhning, *Mops und Tod II. Exlibris für Wolfgang Wissing*, aus: *Mops und Tod*, Radierung, 2009, Inv. Nr. F 1722.

Weinglas in der rechten, menschlichen Hand. Dieses Mal ist seine Fliege ohne Punkte, aber ansonsten gleicht seine Kleidung der in der ersten Graphik. Ihm gegenübergestellt sitzt in der unteren Hälfte des Blattes ein Skelett mit denselben Attributen und der gleichen Kleidung. Der Aufbau ähnelt mit den vier ‚W' in den Ecken zum einen einer Spielkarte, aber ohne auf beiden Hälften das gleiche Bild zu zeigen. Zum anderen erinnert die Graphik an ein Vexierbild, auf welchem beim Drehen zwei verschiedene Darstellungen wie die eines Lebenden und die eines Toten erscheinen.

Eine dritte Radierung mit dem Tiel *Mops und Tod. Exlibris für Wolfgang Wissing* (Abb. 3) von Thomas Löhning zeigt den Mops inmitten von Geröll auf einem riesigen Schädel sitzend. Entspannt lehnt er sich zurück und schaut zum Betrachter, während er in der linken Hand seine geöffnete Taschenuhr hält. Der Mops mit Menschenkörper kann durch seine Brille, die gepunktete Fliege und die immer wieder auftauchende Zigarre als Variation auf den britischen

Abb. 3: Thomas Löhning, *Mops und Tod. Exlibris für Wolfgang Wissing*, Radierung, 2010, Inv. Nr. E 0977.

Premierminister Winston Churchill (1874–1965) identifiziert werden. Churchill spielte vor allem im Zweiten Weltkrieg eine bedeutende Rolle im Kampf gegen die Nazis und deren Gräueltaten. Dadurch steht er zum einen im Zusammenhang mit dem Tod, weil er selbst den Kampf gegen die Deutschen lenkte. Aber gerade in diesem Werk wird deutlich, dass Churchill auch ein Triumphator über den Tod ist, und zwar über den von den Nazis verübten Mord an den Juden. Dass diese historische Persönlichkeit nun mit einem Mopsgesicht gezeigt wird, ist weniger seinem ruhmreichen Wirken als vielmehr schlicht seinem oftmals etwas ‚mopperigen' Gesichtsausdruck geschuldet.

Bei Katrin Stangls (*1977) Lithographie *Mops und Tod. Exlibris für Wolfgang Wissing* ist die Darstellung eines Lebenden zusammen mit einem Toten zu finden, wie sie in vielen *Memento-mori*-Darstellungen auftaucht (Abb. 4). *Memento mori* meint „jede Art von Aufforderung, mitten im Leben die Vergänglichkeit und das eigene Ende zu bedenken, um daraus einen christlichen

Abb. 4: Katrin Stangl, *Mops und Tod. Exlibris für Wolfgang Wissing*, Holzschnitt, 2009, Inv. Nr. E 0947.

Lebenswandel abzuleiten".[5] Dies gilt offensichtlich auch für den besten Freund des Menschen, der hier einen ihm spiegelverkehrt gegenüber sitzenden Skelett-Hund anschaut. Der aus prägnanten Umrissen und wenigen Details bestehende Holzschnitt unterstreicht den Unterschied zwischen den beiden Hunden durch das Betonen der Rippen und der leeren Augenhöhlen des Skelettes. Der Schädel des Tieres erinnert jedoch stark an den eines Menschen. Diese Assoziation und der über dem Rücken des Skelett-Mopses stehende Name des Bucheigners W. Wissing fordern auf, nicht nur über die Vergänglichkeit des geliebten Vierbeiners, sondern auch über die eigene nachzudenken.

Mit der Radierung *Vanitas – Ein Mopsleben* (Abb. 5) schuf Ina Zimmermann (*1982) eine weitere Darstellung der Vergänglichkeit. Eingebettet in ein Gedicht von Andreas Gryphius (1616–1664) mit dem Titel *Vanitas vanitatum et omnia vanitas* (dt. Es ist alles eitel.) befinden sich sechs Möpse angeordnet in einem Kreis. Ein junger Welpe beginnt den Reigen an der

Abb. 5: Ina Zimmermann, *Vanitas - Ein Mopsleben. Exlibris für Wolfgang Wissing*, Radierung, 2009, Inv. Nr. E 1266.

linken Seite und wird dann gefolgt von einem ausgewachsenen Mops, einem kopulierenden Hundepaar, einem alten Mops mit bulliger Statur und großer Nackenfalte und schließlich einem liegenden, toten Mops. Sie alle sind umgeben von Attributen der Vergänglichkeit wie einer Sanduhr, Federn, Blumen, Musikinstrumenten und Knochen. Daneben finden sich auch Schlüssel, ein Reichsapfel oder ein Pokal als Symbole der Eitelkeit und des vergänglichen Ruhms. Und durch all das zieht sich das lange Band einer Fahne mit dem Namen des Auftraggebers Wissing. Die Darstellung erinnert an das seit dem 12. Jahrhundert bekannte Lebensrad[6], das die verschiedenen Lebensalter des Menschen als immer wiederkehrenden Zyklus zeigt. Die Verwendung einer großen Anzahl von Attributen wiederum ist ein typisches Phänomen der Barockzeit. Somit greift Zimmermann auf Elemente zurück, die der Zeit des Gedichtes entspringen und passt sie durch das Ersetzen des Menschen durch den Mops an den Eigner der Graphik, Wolfgang Wissing, an.

Abb. 6: Bettina Haller, *Mops Darwin verteidigt seinen Herrn und Meister gegen Freund Hein. Exlibris für Wolfgang Wissing*, Acrylstich, 2009, Inv. Nr. E 0945.

Bettina Haller (*1971) nutzt eine noch näher am Alltag des Bucheigners Wissing orientierte Darstellung und zeigt in *Mops Darwin verteidigt seinen Herrn und Meister gegen Freund Hein. Exlibris für Wolfgang Wissing* den Mops als Begleiter des Apothekers hinter dem Apothekentresen (Abb. 6). Am Boden vor der Theke liegt eine kleine Flasche, aus deren Hals die Dunkelheit wie ein todbringender Dschinn aus dem Märchen entsteigt – „‚Mors in Olla' (Der Tod im Arzneigefäß)".[7] Die Sense des Todes, der mit der Dunkelheit verschmilzt, schmiegt sich bereits gefährlich an den Kopf des Apothekers. Doch nur der Mops, der neben seinem Herren auf der Theke lehnt, bemerkt die Gefahr und schlägt Alarm. Dank seines Geruchssinns kann der Mops auf die aus dem Apothekerfläschchen strömende Gefahr aufmerksam machen. Die Dosis macht das Gift und Rettung bringt in diesem Fall der „treue[...] Mops Darwin, der seinen Herrn furchtlos gegen Gevatter Tod verteidigt".[8]

Abb. 7: Ina Fiebig, *W. Wissing Exlibris*, Linolschnitt, 2009, Inv. Nr. E 1030.

Ein Linolschnitt Ina Fiebigs (*1977) mit dem Titel *W. Wissing Exlibris* führt den Kampf gegen den Tod noch weiter (Abb. 7). In diesem Exlibris ergreift der Tod schließlich gar die Flucht vor Mensch und Hund, die ihm ohne Furcht hinterher schauen. Seine Belohnung trägt Mops Darwin schon im Maul: Er hat dem von dannen laufenden Knochenmann den Unterschenkelknochen samt Fuß abgenommen. Der Mops beschützt seinen Herrn; nicht nur gegen unliebsame Menschen (vgl. S. 58: Der Mops der Joséphine de Beauharnais und Napoléon), sondern auch gegen den Tod.[9]

Doch der Kampf gegen den Tod kann nicht immer gewonnen werden. Maxi Blunck (*1981) schuf 2011 eine Graphik etwas anderer Art. *Mops und Tod* (Abb. 8) ist ein Siebdruck auf blauem Baumwollköper und zeigt einen Mops mit einem Trauerkranz um den Hals. Auf den Bändern des Kranzes sind die Initialen W. W. zu lesen. Am Boden des Steins zieht sich ein Band aus sternartigen Gebilden entlang – es könnten Kastanien sein –, die sich nach rechts und links über den Rahmen hinaus erstrecken.

Abb. 8: Maxi Blunck, *Mops und Tod*, Handsiebdruck auf Baumwollköper, 2011, Inv. Nr. E 1020.

Der doppellinige Rahmen schafft Parallelen zu Traueranzeigen in Zeitungen, und auch die restliche Gestaltung der Graphik, die ohne Aktion und Bewegung auskommt, verströmt eine ruhige Trauer. Zusätzlich erinnert der verwendete Bildträger, ein blass blaues Baumwollgewebe, an eine Grabschleife, wie sie auch am Hals des Hundes baumelt. Außer dem Mops ist am Grabstein des Verstorbenen nichts Persönliches zu finden, das den Toten charakterisieren könnte. Nur das treue Haustier, der Mops, wird gezeigt, was die Wichtigkeit des Tieres für den Verstorbenen betont. Und gleichzeitig regt der Mops durch den ihm eigenen traurigen Gesichtsausdruck, mit dem er den Betrachter direkt ansieht, zum Nachdenken über die eigene Vergänglichkeit an.

Eine andere Herangehensweise an die Vorgabe, Mops und Tod zu kombinieren, zeigt Josef Werner (*1945) in *Der rote Knochen*. Das Blatt orientiert sich offenkundig an der niederländischen Stilllebenmalerei des 17. Jahrhunderts (Abb. 9). Einem auf einem Buch ruhenden, menschlichen Schädel

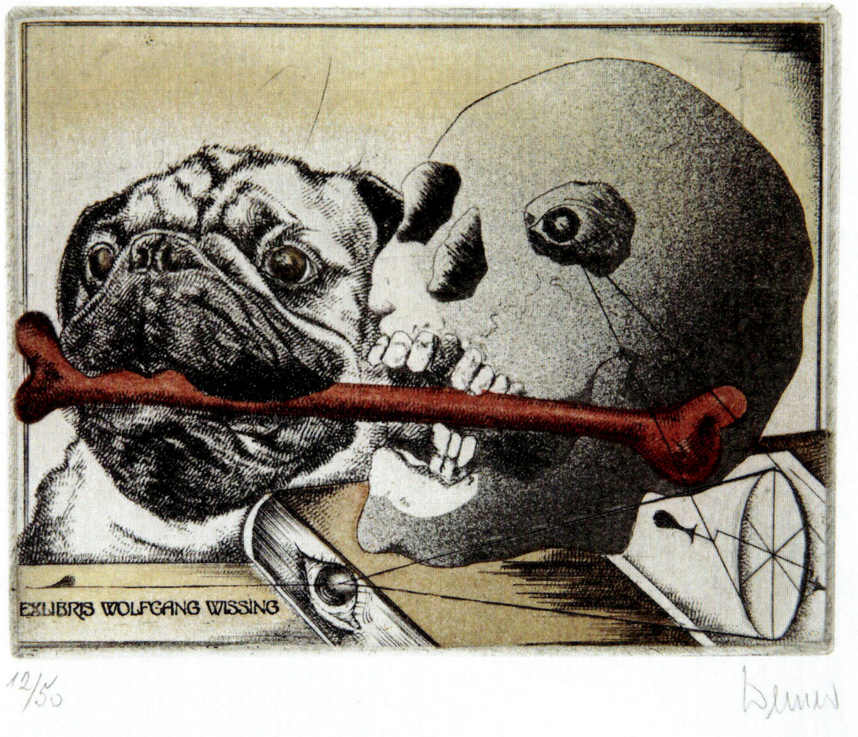

Abb. 9: Josef Werner, *Der rote Knochen*, Radierung, 2010, Inv. Nr. E 1258.

wurde ein Ende eines roten Knochens in den teilweise zahnlosen Mund gelegt. Das andere Ende des Knochens hat ein Mops im Maul, dessen Kopf hinter dem Schädel auftaucht. Beide sind nach links gewandt. In der linken Augenhöhle des Schädels ist ein Auge zu erkennen. Die von ihm ausgehenden Sehstrahlen zielen auf eine Art Linse und werden von dieser zu einem zweiten Auge am Fußschnitt des Buches umgelenkt.

Werner bezieht sich hier auf einen „Stillebentypus, dessen Wurzeln über die ersten autonomen Vanitasdarstellungen de Gheyns [...] und die spätmittelalterlichen Memento mori-Darstellungen [...] bis zur Antike [...] zurückreichen: das Vanitasstilleben".[10] Ausgehend von „mittelalterliche[n] Darstellungen des meditierenden hl. Hieronymus, des Schutzheiligen aller Intellektuellen"[11] wurden Bücher in diesem Bildtypus zu einem gängigen Symbol für die vor den Versuchungen des Lasters schützende Gelehrsamkeit.[12] Doch auch der Gedanke der „Vergänglichkeit menschlichen Bücherwissens"[13] spielt eine Rolle, wenn Tod und Bücher aufeinander treffen. Der Künstler des

Abb. 10: Tatiana Skalko-Karlovska, *o. T. - Mops und Tod. Exlibris für Wolfgang Wissing*, Radierung, 2010, Inv. Nr. E 1140.

Wissing-Exlibris fügt dieser Komposition nun noch den Mops hinzu. Mit dem Klischee des Hundes mit Knochen im Maul spielend, schlägt Werner die Brücke zwischen den beiden Figuren, indem er auch dem Totenkopf den Knochen weiterreicht. Ansonsten herrscht keine Interaktion zwischen Tod und Mops.

Auch Tatiana Skalko-Karlovska (*1970) widmete sich 2010 der Aufgabe „Mops und Tod" und schuf in *o. T. Mops und Tod* eine aus Gestrüpp bestehende Szenerie, in der gleich zwei Möpse auftauchen und sich dem Tod stellen (Abb. 10). Eingepfercht in einen am Boden stehenden Käfig hockt ein Skelett umgeben von hohem Gras und einem Früchte tragenden Baum. Am rechten Bildrand zieht ein davonlaufender Mops ein Seil mit sich, dessen Ende an einem Haken oben am Käfig befestigt ist. Da der Käfig auf dem Boden steht und direkt darüber mit dem Haken zusätzlich um einen stabilen Ast gewunden ist, ist dieses Ziehen – welchem Zweck es auch dienen soll – sinnlos. Die Nutzlosigkeit seines Tuns scheint durch die zeichnerische Ausführung des Mopses untermauert zu werden. Von horizontalen Strichen weit über seine Konturen hinaus durchkreuzt, scheint er wie in Auflösung

Abb. 11: Tatiana Skalko-Karlovska, *o. T. - Mops und Vogelgerippe. Exlibris für Wolfgang Wissing*, Radierung, 2010, Inv. Nr. E 1139.

begriffen und verschmilzt mit dem Gestrüpp hinter ihm. Anders der Mops, der dem Betrachter zugewandt vor dem Käfig im Gras liegt. Sein helles Fell setzt sich von der ihn umgebenden Vegetation ab. Um den Mops herum finden sich noch weitere Tiere im hohen Gras versteckt, doch nur eine Schildkröte beobachtet, was um sie herum geschieht.

Die Auswahl der abgebildeten Tiere ist nicht ganz willkürlich, denn alle haben einen Bezug zum Thema Tod. Die Gefahr des nahenden, sicheren Todes findet sich in einer Schlange wieder, die sich einem verlassenen Nest voller Eier nähert. Dagegen wird ein zweites Nest von einem Fasanenweibchen bewacht, das in der christlichen Ikonographie auf die Auferstehung verweist und sich laut dem *Physiologus* bei Gefahr zum Schutz des Nachwuchses auch selbst als Beute darbietet.[14] Damit sichert es die nächste Generation, schützt das Leben vor dem Tod. Die neben dem Nest hockende Kröte gilt seit dem Mittelalter als „Attribut des Todes“[15] und wird wahlweise den Todsünden Hochmut (*superbia*), Wollust (*luxuria*) oder Geiz (*avaritia*) beigegeben. Die Rolle der Schildkröte ist nicht ganz eindeutig: Sie kann für Wollust oder Trägheit (*acedia*)[16] stehen, spielt hier aber wohl eher auf die ihr zugesprochene Unsterblichkeit an. Der variationsreich dargestellte Kampf zwischen Leben und Tod – die tötende Schlange, der sich opfernde Fasan, die unsterbliche Schildkröte – lässt sich auch auf den Mops übertragen. Der Mops, der in der Dunkelheit verschwindet, ist dem Tod wohl in die Fänge gegangen, denn durch einen bloßen Käfig lässt der Tod sich nicht fangen. Doch der zweite Mops, ruhig und flach am Boden liegend, entkommt der Aufmerksamkeit des Schnitters. Ein Leben für ein anderes, doch das Leben an sich geht weiter.

Eine zweite, unbetitelte Radierung von Skalko-Karlovska aus dem Jahr 2010 verdeutlicht dieses Motto ebenso (Abb. 11). Auf einem kargen Pfirsichbäumchen, dessen Äste zwei große Früchte tragen, sitzt je ein Vogel zu jeder Seite des Stammes. Genau unter ihnen befinden sich Vogelgerippe in identischer Körperhaltung. Vor dieser Szenerie liegt mit gesenktem Kopf ein Mops. Dem Geschehen hinter sich schenkt er keine Beachtung. Skalko-Karlovska zeigt hier die zwei Daseinsstadien Leben und Tod sowie den als Paradiesfrucht für die Erlösung stehenden Pfirsich unvermittelt nebeneinander.[17] Als wüsste er um die Unausweichlichkeit dieses Wechsels von Leben und Tod regt sich selbst der kleine Hund nicht.

Einige Künstler behandeln den Tod weniger ernsthaft, sondern vielmehr spielerisch. In Nele Palmtags (*1973) Siebdruck *W. W. Exlibris* (Abb. 12) von 2011 zeigt sich der Mops als musikalischer Geiger, der sich von einem gleichgroßen, Trompete spielenden Tod begleiten lässt. Eine besonders innige Beziehung zwischen dem Knochenmann und dem Vierbeiner zeigt dagegen Kay Voigtmann (*1968). Sein mit weiter Kleidung, Schwert und zwei ver-

Abb. 12: Nele Palmtag, *W. W. Exlibris*, Siebdruck, 2011, Inv. Nr. E 1217.

korkten Flaschen ausgestatteter Tod lacht fröhlich zu dem Mops hinauf, der auf seinen Schultern sitzt und sich mit den Vorderpfoten auf dem kahlen Schädel festhält (Abb. 13). Begeisterung seitens des Mopses lässt sich aber nicht gerade feststellen. Die schlackernden Ohren und schielenden Augen scheinen vielmehr Verwirrtheit oder gar Panik auszudrücken. Zumindest droht dem Mops vorerst kein Unheil, denn der dahinschreitende Tod erfreut sich an seinem Begleiter und scheint ihm nichts Böses zu wollen.

Durch die Kombination des Mopses mit der Vergänglichkeitsthematik bekommt der Tod in den für Wolfgang Wissing geschaffenen Exlibris einen neuen Gegenspieler. Der Mops wird dabei zum Vertreter des Menschen, zuweilen auch zu seinem Beschützer.

Abb. 13: Kay Voigtmann, *Ex Libris: Wolfgang Wissing*, Mischtechnik, 2013, Inv. Nr. E 1280.

1 Gernot Blum, *Der Tod im Exlibris*, Wiesbaden 1980, S. 5.
2 *Exlibris – Die Welt im Kleinformat: Klein- und Gebrauchsgrafik aus der Blütezeit des Exlibris*, hg. von der Stiftung Museum Schloss Moyland (u.a.), Ausst. Kat., Bedburg-Hau 2009, S. 9.
3 Gerhard Kreyenberg (Hrsg.), *Ex libris für Ärzte*, München 1983, S. 9.
4 Kreyenberg 1983 (wie Anm. 3), S. 99.
5 Reiner Sörries (Bearb.), *Großes Lexikon der Bestattungs- und Friedhofskultur. Wörterbuch zur Sepulkralkultur. Volkskundlich-kulturgeschichtlicher Teil: Von Abdankung bis Zweitbestattung*, Bd.1, Frankfurt am Main 2002, S. 221.
6 Vgl. Nils-Arvid Bringéus, Das Lebensrad. Festvorlesung an der Universität Münster anläßlich des 60. Geburtstags von Professor Günter Wiegelmann am 31. Januar 1988, in: *Rheinisch-westfälische Zeitschrift für Volkskunde* 32/33 (1987/88), S. 13–37.
7 Vgl. Hans Schadewaldt, „Totentanz und Heilberufe", in: Eva Schuster (Hrsg.), *Das Bild vom Tod*, Recklinghausen 1992, S. 61–70, hier S. 67.
8 Vgl. Stefanie Knöll, Medizin gegen den Tod?, in: Stefanie Knöll (Hrsg.), *Ex libris. Medizin gegen den Tod?*, Düsseldorf 2010, S. 64–72, hier S. 66.
9 Vgl. Knöll 2010 (wie Anm. 8), S. 66.
10 Vgl. Sybille Ebert-Schiffer, *Die Geschichte des Stilllebens*, München 1998, S. 137.
11 Ebert-Schiffer 1998 (wie Anm. 10), S. 140.
12 Sabine Schwarz, *Das Bücherstilleben in der Malerei des 17. Jahrhunderts. Buchwissenschaftliche Beiträge aus dem Deutschen Bucharchiv München Bd. 19*, Wiesbaden 1987, S. 26.
13 Ebert-Schiffer 1998 (wie Anm. 10), S. 140.
14 Ursula Treu (Hrsg. u Übers.), *Physiologus. Frühchristliche Tiersymbolik*, Berlin 1981, S. 102/03. Vgl. Hildegard Kretschmer, *Lexikon der Symbole und Attribute in der Kunst*, Stuttgart 2011, S. 126.
15 Kretschmer 2011 (wie Anm. 14), S. 239.
16 Ebd., S. 364.
17 Ebd., S. 326.

verMOPSt

Abb. 1: Albrecht Dürer, *Ritter, Tod und Teufel*, Kupferstich, 1513.

Abb. 2: Rainer Ehrt, *Ritter, Tod und Mops. Exlibris für Wolfgang Wissing*, Radierung, 2010, Inv. Nr. E 1107.

Abb. 3: James Ensor, *Triomphe de la mort*, Radierung, 1896, Inv. Nr. E 0153.

Abb. 4: Irina Rössler, *Der Mops und der Tod ~ nach Ensor. Exlibris für Wolfgang Wissing,* Radierung und Vernis Mou, 2010, Inv. Nr. E 1074.

Abb. 5: Max Klinger, *Der pinkelnde Tod*, Öl/Leinwand, 1881, Museum der Bildenden Künste Leipzig.

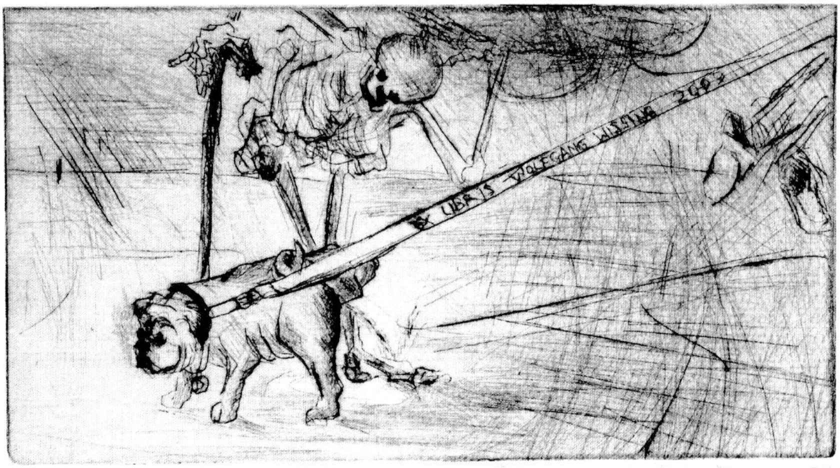

Abb. 6: Karin Pietschmann, *Wen wundert's II Mops pinkelt Tod an's Bein. Exlibris für Wolfgang Wissing*, Radierung, 2009, Inv. Nr. E 1017.

APPENDIX

ohne Mops

Abbildungsnachweis

Mirjam Verhey (S. 8–14)

Abb. 1 Mit freundlicher Genehmigung des Fotografen Stephan Anger.
Abb. 2 Mit freundlicher Genehmigung des Fotografen Jürgen von Kannen.
Abb. 3 © VG Bild-Kunst 2014.

Jonathan Focke (S. 16–22)

Abb. 1 Foto: Jonathan Focke.

Inga Scholl (S. 24–38)

Abb. 1 Ekkehard Schmidberger und Thomas Richter (Hrsg.), *Schatzkunst 800 bis 1800*, Kassel 2001, S. 165.
Abb. 2 Ekkehard Schmidberger und Thomas Richter (Hrsg.), *Schatzkunst 800 bis 1800*, Kassel 2001, S. 161.
Abb. 3 Karl Heinz Esser und Horst Reber (Bearb.), *Höchster Fayencen und Porzellane: Mainz 1964*, Ausst. Kat., Mainz 1964, S. 61.
Abb. 4 Wolfgang Saal und Frithjof Schwartz (Hrsg.), *der mops - ein kunstwerk, the pug - an artwork, le carlin - une oeuvre d'art*, Ausst. Kat., Trier 2008, S. 10.
Abb. 5 John Ingamells, *Museen der Welt. Die Wallace Collection*, München 1990, S. 70.
Abb. 6 Alfonso E. Pérez Sánchez und Eleanor A. Sayre, *Goya and the Spirit of Enlightenment*, Ausst. Kat., Boston (u. a.) 1989, S. 20.
Abb. 7 Frederick Antal, *Hogarth und seine Stellung in der Europäischen Kunst*, Dresden 1966, Abb. 153.
Abb. 8 Helmut Börsch-Supan, *Der Maler Antoine Pesne: Franzose und Preuße*, Nürnberg 1986, S. 92, Abb. 57.
Abb. 9 *Fliegende Blätter*, 104/2650 (1896), S. 185.
Abb. 10 Wilhelm Busch, *Bilderbogen*, München [2]1982 [Nachdrucke der 1858 bis 1875 erschienenen Bilderbogen], Nr. 406.
Abb. 11 Werner Zganiacz, *Möpse, Eier, Golf. Zeitweise zeitkritisch*, Hamburg 1984, o. S. Mit freundlicher Genehmigung des Künstlers.
Abb. 12 Wolfgang Saal und Frithjof Schwartz (Hrsg.), *der mops - ein kunstwerk, the pug - an artwork, le carlin - une oeuvre d'art*, Ausst. Kat., Trier 2008, S. 65. © VG Bild-Kunst, Bonn 2014.

Inga Scholl (S. 40–55)

Abb. 1 Wilhelm Busch Gesellschaft (Hrsg.), *Plisch und Plum: Sechstes Kapitel*, München 1982 (Faksimiledruck), S. 38.
Abb. 2 Wilhelm Busch, *Bilderbogen*, München [2]1982 [Nachdrucke der 1858 bis 1875 erschienenen Bilderbogen], Nr. 431.
Abb. 3 Mit freundlicher Genehmigung des Künstlers. Für die Genehmigung zum Abdruck des Gedichts von Ernst Jandl danken wir Friederike Mayröcker
Abb. 4 Emanuel Eckardt, *Der Mops von Bornholm. Die Wahrheit über Morten, den einzigen Mops, der ein großer Sänger war*, Frankfurt a. M. 1985, S. 32. Mit freundlicher Genehmigung des Künstlers.
Abb. 5 © VG Bild-Kunst, Bonn 2014.
Abb. 6 Mit freundlicher Genehmigung der Künstlerin.

Mirjam Verhey (S. 56–71)

Abb. 1 David Bindman, *Hogarth*, London 1981, S.148, Abb. 19.
Abb. 2a–b Mit freundlicher Genehmigung der Künstlerin.
Abb. 3 © Isolde Ohlbaum
Mit freundlicher Genehmigung der Künstlerin.

Abb. 4 © VG Bild-Kunst, Bonn 2014.
Abb. 5 © VG Bild-Kunst, Bonn 2014.
Abb. 6 Mit freundlicher Genehmigung der Künstlerin.
Abb. 7–8 Mit freundlicher Genehmigung des Künstlers.

Jennifer Liß (S. 74–89)

Abb. 1–3 © VG Bild-Kunst, Bonn 2014.
Abb. 4 Mit freundlicher Genehmigung der Künstlerin.
Abb. 5 Mit freundlicher Genehmigung der Künstlerin.
Abb. 6 Mit freundlicher Genehmigung der Künstlerin.
Abb. 7 Mit freundlicher Genehmigung der Künstlerin.
Abb. 8 Mit freundlicher Genehmigung der Künstlerin.
Abb. 9 Mit freundlicher Genehmigung des Künstlers.
Abb. 10–11 Mit freundlicher Genehmigung der Künstlerin.
Abb. 12 Mit freundlicher Genehmigung der Künstlerin.
Abb. 13 © VG Bild-Kunst, Bonn 2014.

Ins Bild geschlichen. (S. 92–97)

Abb. 1 Rainer Schoch / Matthias Mende / Anna Scherbaum (Bearb.), *Albrecht Dürer. Das druckgraphische Werk, Bd. 1: Kupferstichem Eisenradierungen und Kaltnadelblätter*, München u.a. 2001, S. 171.
Abb. 2 Mit freundlicher Genehmigung des Künstlers.
Abb. 3 © VG Bild-Kunst, Bonn 2014.
Abb. 4 Mit freundlicher Genehmigung der Künstlerin.
Abb. 5 Kulturstiftung der Länder in Verbindung mit dem Museum der bildenden Künste Leipzig (Hrsg.), *Max Klinger, Der Tod am Wasser (Der pinkelnde Tod), 1881. Museum der bildenden Künste Leipzig, (Patrimonia 348)*, Berlin/Leipzig 2010, S. 7.
Abb. 6 © VG Bild-Kunst, Bonn 2014.

Cover Nele Palmtag, *W. W. EXLIBRIS*, Siebdruck, 2011, Inv. Nr. E 1217. Mit freundlicher Genehmigung der Künstlerin.
Trennseiten Katrin Stangl, *Mops und Tod. Exlibris für Wolfgang Wissing*, Holzschnitt, 2009, Inv. Nr. E 0947. Mit freundlicher Genehmigung der Künstlerin. Josef Werner, *o. T. Fliehender Mops nach rechts*, Radierung, 2009, Inv. Nr. E 1259. Mit freundlicher Genehmigung des Künstlers.

Fonts

Cover Amazónica © Juan Casco www.juancasco.net
Trennseiten Sell your soul © Christopher Hansen